'F

FACULTÉ DE DROIT DE PARIS

DROIT ROMAIN

—

LE

DROIT BUDGÉTAIRE DES CITÉS

SOUS L'EMPIRE ROMAIN

—

DROIT FRANÇAIS

—

DE LA

COMPTABILITÉ DES FABRIQUES

—

THÈSE POUR LE DOCTORAT

PAR

Louis QUESNOT

AVOCAT

PARIS

LIBRAIRIE NOUVELLE DE DROIT & DE JURISPRUDENCE

ARTHUR ROUSSEAU, ÉDITEUR

14, RUE SOUFFLOT ET RUE TOULLIER, 13

—

1893

THÈSE

POUR LE DOCTORAT

DROIT ROMAIN

—

LE
DROIT BUDGÉTAIRE DES CITÉS
SOUS L'EMPIRE ROMAIN

—

DROIT FRANÇAIS

—

DE LA
COMPTABILITÉ DES FABRIQUES

—

THÈSE POUR LE DOCTORAT

L'ACTE PUBLIC SUR LES MATIÈRES CI-APRÈS

Sera soutenu le jeudi 15 juin 1893, à 8 heures 1/2.

PAR

Louis QUESNOT

AVOCAT

Président : M. CHAVEGRIN, *professeur.*

Suffragants : MM. CAUWÈS, JOBBÉ-DUVAL, GIRARD, *agrégé.* *professeurs.*

—

PARIS

LIBRAIRIE NOUVELLE DE DROIT & DE JURISPRUDENCE

ARTHUR ROUSSEAU, ÉDITEUR

14, RUE SOUFFLOT ET RUE TOULLIER, 13

—

1893

MEIS ET AMICIS

LE

DROIT BUDGÉTAIRE DES CITÉS

SOUS L'EMPIRE ROMAIN

INTRODUCTION

Ce sont les caractères généraux du régime financier municipal qui feront l'objet de la présente étude. De l'ensemble des textes relatifs au droit public sous l'empire ressort un prodigieux développement des services et de l'administration des unités locales, et l'épanouissement d'un régime de libertés. Le droit administratif des cités présente une avance, une logique, et une supériorité incontestable par rapport à l'ensemble de la constitution générale de l'empire : le droit budgétaire en réflète les indices les plus marqués.

Il est particulièrement intéressant de retrouver cette organisation financière dans les tables de Malacca et de Salpenza, ainsi que dans les bronzes d'Osuna, révélateurs de ces matières. Une intime analyse de la tactique romaine après la conquête fait ressortir l'intime connexité de cet état de choses avec l'évolution subie par l'ensemble de la société romaine : la perfection du régime municipal y forme l'élément d'une politique nettement accusée. Loin d'être un événement fortuit et isolé, l'autonomie des cités nous apparaît comme un état intentionnel, formant le secret ressort de la vitalité de l'empire : la solidité et l'homogénéité des éléments y corrigeait le défaut de cohésion de l'ensemble. Les faits démontrent que du jour où menacée dans sa personne, Rome essaya d'épuiser à son profit la vie lointaine des municipalités, la ruine du corps entier fut consommée. La transfusion des vitalités individuelles fut mortelle au principat, pour, qui la centralisation fut un suicide. Toute la théorie moderne de la décentralisation et les aperçus de l'école de Nancy ressortent sans le moindre commentaire de l'histoire des unités locales dans l'antiquité. Le phénomène n'en est nulle part mieux marqué qu'en ce qui concerne les finances des cités et municipes.

Une seconde considération nous guidera à travers l'examen généralisé de leur système financier. Malgré les ressemblances profondes que le fonctionnement budgétaire des cités et colonies présente par rapport à notre organisation moderne, en raison de la séparation si nettement accusée des pouvoirs d'action et de délibération, et autres règles de l'exécution des services en deniers, il n'en demeure pas moins constant qu'une différence essentielle sépare leur comptabilité de la nôtre, se rattachant à une idée plus générale du droit public romain. Il s'agit de la responsabilité des magistrats. Cette conception, inverse de la nôtre, aboutit en matière budgétaire à des conséquences inattendues, et des plus originales.

Car, si se basant sur l'irresponsabilité effective des administrateurs, notre droit moderne a corrigé par une série de mesures les dangers de ce système, Rome au contraire n'a jamais dû recourir à de semblables procédés. Nous avons reporté sur les comptables les garanties qui nous échappaient du fait des administrateurs.

Par un savant réseau de responsabilités, nous leur avons donné des pouvoirs de contrôle, d'investigation, vis-à-vis de l'administration, et nous avons à cet effet posé comme un principe d'un ordre supérieur l'incompatibilité des fonctions comptables et administratives. Complétant ce système, c'est par un principe d'ordre public que des tribunaux spéciaux sont investis, indépendamment de toutes contestations, du devoir de réviser sans lacune l'ensemble de toutes les comptabilités. L'institution d'un tribunal des Comptes forme chez nous la garantie et la sanction nécessaire de notre système d'administration. Un comptable devra toujours rendre compte, *et ne saurait en être dispensé*.

Toute autre est la conception romaine. Ici la responsabilité effective des magistrats enlève toute nécessité d'un contrôle par les comptables. Toute une série de divergences s'ensuivront logiquement. Voilà pourquoi les soins matériels de la comptabilité se trouvent remis, à une époque peu avancée du droit, à de simples caissiers sans autres responsabilités effectives que celles des manutentions matérielles d'écus. C'est en vertu des mêmes raisons que le principe de la séparation des fonctions administratives, quoique sérieusement observé dans l'antiquité, ne présente plus le même caractère

d'ordre public, et a donné lieu à de vives controverses (1).
Tel est enfin le motif secret qui a toujours privé le
droit romain d'une comptabilité judiciaire sérieusement
organisée. Le contrôle judiciaire des finances semble
être leur point faible dans l'antiquité, remarque M. G.
Humbert dans son Essai sur les finances romaines.

Nous en trouvons la cause dans le caractère sus-indiqué des responsabilités administratives. La mise en
cause des magistrats suffisait pleinement au contrôle :
le jugement des comptes n'était plus d'ordre public, la
nécessité ne s'en faisait sentir qu'au cas de gestions
délictueuses. Et voilà pourquoi ce contrôle semble avoir
été entièrement criminel, et limité aux gestions *contestées*.

. D'autres différences non moins profondes séparent
encore la comptabilité des villes anciennes du système
adopté chez nous. Les notions de l'universalité budgétaire, des spécialités par exercice, par chapitre et par
gestion, des spécialisations de deniers ou assignations
de recettes, nous fournissent de précieux éléments de
comparaison. De ce parallèle ressort une affirmation
plus motivée de la supériorité de ces règles modernes, et
des rapports profonds qui les unissent d'ailleurs à la
constitution d'un pays.

C'est en nous inspirant de ces idées que nous avouons
avoir conçu la présente étude, dans un but absolu de
généralisation.

. Nous commencerons à cet effet par déterminer que

(1) V. Marcé, *Des dépenses publiques à Rome*. Paris, 1887.

le droit budgétaire ici visé s'applique plutôt à l'ensemble des unités locales qu'à l'étude individuelle des particularités de chaque catégorie. Les cités latines et de citoyens nous présentent le type le plus parfait de ces institutions. Car les villes italiennes, après la *lex Julia municipalis* (1) présentèrent au point de vue qui nous occupe, une constitution suffisamment uniforme. L'application du type romain aux municipalités engendre d'ailleurs leur acheminement graduel vers une similitude relative. Et en ce qui concerne les villes provinciales, il y a lieu de raisonner par les mêmes inductions ; αυτονομια, correspondant à la formule, *legibus suis uti*, ne signifie pas qu'il leur fût permis de vivre sous telles lois qu'il leur plût de se donner. Une charte « octroyée » par la métropole, quoique variable suivant la nature du pacte conclu, n'en tendait pas moins à un type commun (2), spécialement au point de vue des gestions financières.

C'est dans cet esprit que nous serons amenés à étudier les caractères fondamentaux des budgets communaux dans l'antiquité. Le genre spécial d'autonomie locale, tendant à décharger la métropole des détails de l'administration, les progrès ultérieurs d'une centralisation outrée, en raison des besoins politiques et de la prodigalité de certaines villes, les bases différentes des principes administratifs, tout cela conduira à l'explica-

(1) V. Mommsen, *Manuel des antiquités romaines*, t. VIII. *Organisation de l'empire romain.*

(2) V. *Manuel des antiquités romaines*, t. VIII, p. 95 et ss. — Mispoulet, *Les institutions politiques des Romains*, t. II, p. 31 et ss.

tion des différences nombreuses et des ressemblances nécessaires que les budgets locaux présentent par rapport aux nôtres. Les principes inverses du rôle de l'administration expliqueront un système également interverti relativement aux fonctions des comptables, à leur responsabilité, au jugement de leurs comptes. Il en sera de même en ce qui concerne les spécialités budgétaires, l'exercice, la gestion, l'universalité et les assignations de recettes, caractéristiques de toutes comptabilités primitives. Quant à ce qui concerne les progrès de la centralisation, l'évolution subie par le système de l'autonomie primitive nous démontrera une fois de plus combien les règles de la tutelle administrative sont en rapport direct avec les besoins politiques, et le rôle capital qu'elles jouent vis-à-vis de la prospérité des États. Parallèlement à l'effondrement de l'empire, la ruine des cités nous présentera le terme de cet acheminement dont nous aurons à chaque pas constaté l'influence délétère et les marques formelles. Une idée tout entière s'en dégage, si palpable qu'il serait superflu de la formuler, tellement affirmée que nous nous dispenserons de conclure ! C'est que la vitalité du tout est en fonction de celle des parties, et que tout corps politique n'existe que par ses éléments. Toute autre existence est factice.

Prenant donc le droit général des cités à leur apogée, sans en formuler les individualités locales, nous en devrons déterminer la physionomie aux quatre points de vue suivants :

1° De l'autorité budgétaire ;

2° Forme et caractères du budget ;

3° Son exécution ;

4° Son contrôle.

Sous chacune de ces divisions nous signalerons, avec le caractère financier de chacune d'elles, l'évolution subie vers un amoindrissement des libertés primitives, et le système méthodiquement calculé d'une centralisation de jour en jour plus affirmée.

CHAPITRE PREMIER

DE L'AUTORITÉ BUDGÉTAIRE.

Nous avons à rechercher ici à quelle autorité appartenait dans les cités le vote du budget, dont nous étudierons dans la suite les formes et les procédés d'exécution. Il s'agit donc des attributions du pouvoir délibératif.

« En général, dit M. Houdoy, toutes les affaires communales d'une certaine importance étaient soumises à la délibération de la Curie, tandis que les détails de l'exécution étaient laissés par elle aux magistrats, qui obéissaient aux impulsions qu'ils en avaient reçues ».

Nous verrons le caractère et la portée des délibérations curiales en ce qui concerne les recettes et les dépenses. Nous remarquerons ensuite dans cette double catégorie d'attributions l'évolution que subirent ces pouvoirs, sous l'influence de l'ingérence du pouvoir central dans les affaires de la cité. La décadence financière des municipes s'affirmera chaque jour en raison de leur amoindrissement politique.

Comme nous l'avons dit, les magistrats devaient consulter la Curie pour tous les actes concernant les finances de la cité, et spécialement toute espèce de dépenses.

Les dépenses communales pouvaient se réduire à deux chefs principaux ; dépenses du personnel, et dépenses des services communaux. C'est relativement à cette seconde catégorie de dépenses, de beaucoup la

plus importante, que nous trouverons le rôle prépondérant du pouvoir délibératif des cités sous l'empire.

C'est qu'en effet les dépenses du personnel se rédui-
saient à bien peu de chose, en raison du caractère spécial de l'administration dans l'antiquité, où les fonctions
publiques n'étaient pas rétribuées. On les considérait
comme une sorte de prestation obligatoire pour les citoyens. Le *municeps* se devait tout entier à son municipe ;
il lui devait son temps, il lui devait sa fortune. « C'était
une lourde charge que d'être citoyen, il y avait dans
l'exercice des fonctions publiques de quoi occuper toute
l'existence. Aussi Aristote disait-il très justement que
celui qui avait besoin de travailler pour vivre ne pouvait
pas être citoyen. Les hommes passaient leur vie à se
gouverner ».

Un personnel inférieur, cependant, chargé des *munera*
dits *sordida*, émargeait, au budget de la cité. A la fin de
l'empire, quand la questure devint un simple *munus*, en
tombant aux mains d'un simple *susceptor* ou caissier,
les décurions lui pouvaient allouer une indemnité sous
forme d'*epimetron*, ou mesure supplémentaire ajoutée
à la cote du contribuable. La caisse communale servait
en outre des traitements aux instituteurs et médecins de
la cité (1). Là encore un décret des décurions était nécessaire. Il en était de même pour les subventions alimentaires aux décurions tombés dans la misère, pour
lesquelles chacun d'eux fournissait une cotisation lors
de son entrée en fonctions.

Les appariteurs et scribes des magistrats recevaient
une indemnité (2). « Tous les appariteurs, nous dit

(1) Dig. L. VIII, 1. Herzog, *Hist. Gall. Narb.*, p. 211.
(2) Dig. L, IV, fr. 1, par. 2. — Lex Col. J. Genet., 81.

Mommsen (t. I, p. 383), reçoivent du Trésor public un salaire, *œs apparitorium*, ou *merces*. C'est ce salaire qui les distingue au premier chef ; d'abord des esclaves de l'Etat ou du magistrat, ensuite tant des soldats que des magistrats auxiliaires et compagnons de magistrats qui ne reçoivent pas un salaire, mais une solde, *stipendium*. Nous n'avons pas d'éléments pour déterminer le montant concret des divers salaires, bien que leur échelle relative soit connue jusqu'à un certain point (1). Les catégories inférieures paraissent avoir été elles-mêmes proportionnellement bien traitées. En outre il faut remarquer que vers la fin de la République et sous l'Empire ces situations devinrent en grande partie des sinécures, et qu'il est possible que le cumul s'y soit pratiqué dans de larges proportions, si bien que ces emplois subalternes se transformèrent en fait en rentes viagères sur l'Etat, qui n'étaient pas très élevées, mais qui n'en étaient pas moins agréables par suite de l'absence presque complète de travail à fournir en retour (2) ».

Il y avait encore les dépenses relatives aux députations

---

(1) La colonie Julia Genetiva accordait à chacun de ses divers appariteurs les appointements suivants :

Appariteurs des duumvirs.			Appariteurs des édiles.	
Scribœ. . . .	deux. . .	1200 sest.	. . un. . .	800 sesterces.
Accensus. . .	un . . .	700 »	. . » . .	» »
Lictores . . .	deux. . .	600 »	. . » . .	» »
Haruspex. . .	un . . .	500 »	. . » . .	100 »
Viatores . . .	deux. . .	400 »	. . » . .	» »
Prœco	un . .	300 »	. . » . .	300 »
Tibicen . . .	un . . .	300 »	. . » . .	300 »

Cf. Mommsen, *Le droit public romain*, traduction Girard, 2ᵉ édition, p. 384 (T. I).

(2) Th. Mommsen, *loc. cit.*

de décurions (*legationes*), envoyées vers l'empereur, et dont nous retrouvons la mention dans de nombreux textes. Soit qu'elles eussent pour but de leur voyage une félicitation au prince, ou la prestation de l'*aurum coronarium*, ou l'obtention de l'une de ces autorisations de plus en plus fréquentes avec l'accroissement du régime de la centralisation, l'obligation de prendre part à ces *legationes* était essentiellement gratuite, un *munus* par excellence. Mais les *legati* recevaient pour frais de route une indemnité sur la caisse municipale, sur laquelle la Curie était certainement appelée à délibérer.

Mais les principales sources de dépenses étaient celles des services communaux. En première ligne venaient les travaux publics. L'histoire en est liée à celle des libertés locales ; le soin de les diriger éveilla de bonne heure les convoitises du pouvoir central. Outre les constructions pour les services municipaux, maisons, bains, arènes, théâtres, places et fours publics, voirie, ponts et aqueducs, il en était certains dont la bonne exécution devint de bonne heure une condition d'existence : c'étaient les travaux des murailles et fortifications. Les empereurs ne tarderont pas à y affecter la plus grande partie des ressources locales, ainsi qu'il sera vu plus loin. Mais à l'époque où nous nous plaçons la première condition était un décret préalable de la Curie, dont tous les textes nous font foi. (Lex Col. Jul. Genet. 98, 99, 96, 100). La *lex Malacitana* (63, 64) le déclare expressément.

« De tous les édifices du municipe de Malacca, que nul n'en démolisse aucun sans une sentence des décurions et conscrits, dont la majeure partie devra être présente. Et que celui qui contreviendra à cette disposition soit condamné à payer aux habitants de Malacca une égale somme d'argent... » etc. (1).

A l'époque antérieure à celle ou nous nous plaçons, cette autonomie n'était peut-être pas aussi absolue qu'elle apparaît lors de l'apogée du régime municipal. Les Romains avaient gardé de la conquête certaines prérogatives, qui ne tardèrent d'ailleurs pas à s'atténuer.

Un incident nous est en effet rapporté par Tite-Live (2), contemporain de la révolte des Padouans, et qui doit par conséquent être reporté à l'an 580. Les censeurs Fulvius et Postumius exécutèrent dans les municipes de Pisaure et Fundi, Auximum et Calatia des travaux qui auraient été exécutés aux frais de ces villes, et imputés sur le prix de la vente de terrains publics, sur l'initiative des censeurs. Mais il fallait que cette mesure d'autocratie fut déjà bien sujette à contestation, puisque le censeur Postumius avait déclaré ne pouvoir prendre sur lui l'exécution de ces travaux aux frais des cités sans un ordre exprès du Sénat ou du peuple romain. « *Iidem Calatiæ et Auximi muros faciendos locaverunt ; venditis qui ibi publicis locis, pecuniam, quæ redacta erat, tabernis utrique foro circumdandis consumerunt ; et alter ex iis Fulvius Flaccus (nam Postumius nihil, nisi senatus populive romani jussu se locaturum ipsorum pecunia.....) »*

Quoiqu'il en soit d'ailleurs, cette tutelle excessive ne devait pas tarder à disparaître, puisque les textes ne nous font plus mention de rien de ce genre à la période de développement du régime municipal. Ajoutons que dès 649, le système absolument opposé nous est men-

---

(1) Cf. également Herzog, *Galliæ Narbonensis historia*, p. 211. — App. épig. 88.

(2) Tite-Live, XLI, 27.

tionné dans la colonie de Pouzzoles. Une inscription trouvée dans cette ville (1) nous donne de précieux détails sur un marché de travaux conclu avec un entrepreneur pour la construction d'un mur (*Lex parieti faciundo in area*). Ici l'autonomie du Sénat local nous est affirmée de la façon la plus nette, moins de 70 ans après l'incident ci-dessus rapporté par Tite-Live. Ce texte, qui détermine de la façon la plus nette la nature et la consistance des travaux, le salaire de l'entrepreneur et son mode de règlement, les garanties à fournir, réfère d'une façon toute spéciale au seul vote des magistrats municipaux tout ce qui concerne l'exécution des travaux et leur réception. « *Quod eorum viginti probaverint, probum esto; quod ieis improbarint, improbum esto* ». Le soumissionnaire figure en tête des *prædes*. M. Girard remarque que probablement ici comme ailleurs l'intervention des *prædes* libérait le principal obligé.

Nous ne nous étendrons donc pas davantage sur ce point universellement reconnu de la nécessité d'une sentence préalable des décurions pour l'engagement des dépenses. Une autre question se présente, tout aussi essentielle. Quel était le caractère et l'autorité de ces délibérations au triple point de vue de leur étendue, de leur force exécutoire et de leur initiative ? Cette question se relie étroitement à l'évolution historique du régime municipal.

Au point de vue de leur champ d'application, les votes s'appliquaient à toutes dépenses, comme il résulte des exemples précités, et dont la généralisation s'impose. Mais réciproquement, la Curie pouvait-elle par ses délibérations mettre toute espèce de frais à la charge

(1) C. I. L. I, 577.

du budget. Un point se présente ici, moins en lumière, et dont l'exposé ne manque cependant pas d'un certain intérêt.

A l'origine il paraît prouvé que la Curie avait le droit de délibérer sur toute espèce d'actes intéressant le patrimoine de la cité ; mais il paraît également certain que ses pouvoirs se limitaient aux actes de gestion utile, et que toute dilapidation des finances municipales dépassait leurs pouvoirs. Des textes précis vinrent les limiter sur ce point. Toute disposition à titre gratuit des deniers communaux semble leur échapper : au titre *de decretis ab ordine faciendis*, le Digeste commence par établir (1) l'incapacité des décurions à faire aucune espèce de libéralité des deniers de la ville, par remise de dette ou autrement. L'annulation possible du *decretum* sanctionne cette incapacité, de même que nous annulons pour excès de pouvoirs les délibérations d'un Conseil municipal. — « *Decurionum decreto immunitas nemini tribui potest* », nous répète également le Code en commençant le même ordre d'idées (2). Les exceptions qu'il nous signale sont limitativement déterminées, et il est à remarquer que toutes ont pour caractère la reconnaissance d'un service rendu : « *exceptis his qui liberalium studiorum antistites sunt, et qui medendi causa funguntur* ». — Mentionnons également la disposition souvent citée de la *lex Julia Genetiva*, défendant toute rémunération des décurions sur les deniers publics, érections de statues..... :

« A l'avenir, que nul duumvir, édile, préfet de la colonie, ne propose aux décurions de la ville d'affecter

---

(1) L. 1, princ. et 1°.
(2) C. *de decretis decurionum*, l. 1.

les deniers publics à des rétributions aux décurions, honneurs publics, statues...... » et la loi, malheureusement tronquée, continue en interdisant de consulter les décurions à ce sujet, d'en faire ou d'en faire faire la proposition, d'en provoquer le vote ; défense semblable aux décurions de délibérer sur ces matières..... etc.....

Ce dernier texte, de l'époque des libertés communales, complète heureusement les prescriptions du Code et du Digeste, et demeure comme l'indice d'une interdiction absolue de disposer gratuitement des deniers des villes. De nombreuses inscriptions témoignent que ces interdictions étaient plus que justifiées, et que les prescriptions de la loi étaient souvent violées.

Nous ne dirons que peu de mots ici de la force exécutoire des délibérations de la Curie, réservant pour l'étude de la seconde autorité budgétaire, qui naquit avec les empiétements du principat, le caractère de souveraineté des *decreta* municipaux.

Mais remarquons à l'origine, l'absolue souveraineté des décisions curiales. La Curie était la seule autorité budgétaire, et sous les peines les plus rigoureuses les duumvirs étaient tenus d'exécuter strictement ses sentences. Sitôt rendues elles devaient par les soins des magistrats, être transcrites sur des registres publics : « *decretum decuriŏnum scribito, in tabulas ve publicas referto; referendum ve curato* ». Après cette transcription le magistrat devait sans délai veiller à l'exécution exacte et fidèle du décret, sous peine d'une amende de dix mille sesterces (*Lex Julia Genetiva*, 129).

Il faut ajouter à ce caractère souverain de la décision, l'impossibilité d'être cassée, dont nous témoigne la loi *Genetiva* (118). La seule nullité possible résultait implicitement des différentes constitutions municipales, exigeant pour la validité du décret la présence d'une majorité de décurions : « *quorum pars major adfuerit* » (1). Et sous un régime déjà bien caractérisé de tutelle administrative, Hadrien reconnaît cette irréfragabilité du *decretum curiale* : « *quod semel ordo decrevit, non oportere rescindi, D. Hadrianus Nicomedensibus rescripsit, nisi ex causâ, id est, si ad publicam utilitatem respicit rescisio prioris decreti* » (2).

Plus tard seulement, quand dans la cité s'établissent deux pouvoirs budgétaires, une procédure en fera observer les limites respectives. Les textes alors (3) nous révèlent l'annulabilité des *decreta ambitiosa*, ou pour excès de pouvoirs, et il est à remarquer que presque tous les exemples cités par les textes se rapportent au maintien de la restriction apportée nouvellement par les empereurs à l'autonomie communale.

Le droit des Curies à régler souverainement leurs dépenses demeure donc constant à la première période. Chacun des textes accuse une nette séparation des pouvoirs de délibération et d'exécution.

Or, dans le jeu de ces deux catégories d'attributions, de quel côté était l'initiative ?

L'initiative budgétaire appartenait essentiellement au pouvoir exécutif. Chargés des différentes branches des services communaux, les magistrats soumettaient à la

---

(1) *Adde : L. J. Genetiva.* — Dig., *de decretis ab ordine faciendis.* L. 2.

(2) L. 5. Dig., *de decretis ab ord. faciendis.*

(3) L. 10. Dig., *de public et vectig.*, 29, 4. — L. 3, 1°, Dig., *ad leg. Jul. de ann.*, XLVIII, XII. — L. 1. Code, *de pascuis publ. et privat*, XI, LX.

Curia leurs demandes de crédits : cette consultation de la Curie par les magistrats résulte de textes nombreux (1) : la formule suivante termine souvent les chapitres de la *lex Julia Genitiva : « quis* II *vir, œdilis, præfectus coloniæ Genetivæ Juliæ qui cumque erit, ad decuriones coloniæ Genetivæ Juliæ referto, decuriones-ve consulito, decretum-ve curionum facito, de-ve eare in tabulas referto, referri-ve jubeto.*

Cette initiative était-elle exclusive ? non, car quelques textes nous semblent parler de décrets spontanément pris par la Curie. Mais la généralité de la proposition par les magistrats ne saurait être contestée, spécialement en matière financière, devant l'abondance et la netteté des textes mettant en relief l'initiative des duumvirs. Un fragment vient d'ailleurs le mettre en lumière, déclarant que : « Si un décurion de cette colonie requiert le duumvir ou le préfet de prendre l'avis de la Curie relativement à une question de deniers publics, de recouvrement d'amendes pour contraventions..... le duumvir..... devra convoquer et consulter les décurions, au prochain jour utile, et se conformer à leurs décisions, pourvu que la majorité ait pris part à la délibération... » (*L. J. Gen.*, 97). Le chapitre C de la même loi nous offre un exemple d'une semblable mise en action, et rien de plus concluant en faveur de l'initiative, peut-être exclusive, des magistrats en matière budgétaire. Nous trouvons donc en matière de dépenses une harmonieuse séparation des pouvoirs, une autonomie absolue, toutes les règles en un mot du droit financier le plus libéral et le plus avancé.

Tout cela se retrouve symétriquement en matière de

---

(1) *L. Gen.* 98, 99, 100. — *Lex Mal.*, 63, 64.

recettes. En principe, nulle taxe, nulle contribution ne pouvait être établie dans une colonie sans une délibération expresse et préalable du Sénat : cette maxime, bien que ne se trouvant nulle part exprimée d'une manière principale, résulte implicitement d'une foule de dispositions, et il ne peut faire doute que le droit de voter l'impôt ne fut absolument exclusif aux représentants de la ville.

Le vote pouvait être d'ailleurs exprès ou tacite. Nous voyons certains impôts établis directement par les décurions, d'autres au contraire établis d'une façon moins nette, par aperçus évaluatifs, en quelque sorte, et sans autre indication que la nature de la taxe, avec fixation d'un maximum : nous en trouvons un exemple remarquable dans la loi de Malacca, à propos de travaux publics et de prestations destinées à y faire face : « Quelques travaux d'utilité publique qu'aient décrété les décurions, si la décision est prise à la majorité des membres, il sera permis d'en exécuter les ouvrages, pourvu que la prestation à exiger des colons à cet effet ne dépasse pas, pour une année, cinq journées de travail d'un homme pubère, et trois journées de chaque attelage ou chariot. Les édiles en fonctions présideront aux travaux, en vertu du décret de la Curie ; ils désigneront les travailleurs en se conformant au décret, qui devra être exécuté en tous points »......

Les revenus du budget communal étaient de deux sortes ; les revenus des biens meubles et immeubles, et les taxes locales ou *vectigalia*.

Parmi les immeubles communaux autres que ceux du domaine public, il y avait : les terres arables, *agri*, les pâturages, *pascua*, les forêts, les lacs et étangs, tous pro-

ductifs de revenus. L'exploitation en régie n'en paraît
guère avoir été pratiquée. Ces biens étaient affermés à
des particuliers, plus souvent à des sociétés de publicains
par des baux d'une nature particulière, souvent par em-
phytéose, et passés tantôt de gré à gré, plus souvent par
adjudication publique. On retrouve aussi le système consistant à adjuger les *pascua* ou *saltus*, moyennant un prix
déterminé, à des particuliers qui se recupéraient à leur
tour par la perception de droits de dépaissance tarifés.
— La cité percevait encore un *vectigal* pour la location
des *tabernæ*, des bains, des prises d'eau aux aqueducs ;
un droit de place pour l'occupation temporaire ou non
d'un terrain communal. — Parfois cependant on adopte
la régie, spécialement pour des bains et un *actuarius*
exigeait des baigneurs un *vectigal* déterminé. L'exemple
en est rare, d'ailleurs.

Or bien que tous ces actes, baux, marchés et contrats, fussent passés par les magistrats municipaux, la
Curie devait toujours délibérer sur la gestion du domaine
communal, emplois de capitaux, modes d'exploitation.
L'autorité budgétaire, chargée d'autoriser la perception
de ces revenus, devait donc également participer à leur
établissement. La trace de ce régime se retrouve dans
de nombreux fragments (1).

Il en était de même pour l'emploi des capitaux. La
fortune mobilière formait une branche de revenus assez
importante pour nécessiter plus tard la création d'un
agent spécial, ou *curator kalendarii*.

Ces deniers avaient de multiples origines.

Il y avait les *sportulæ*, ou sommes versées comme don
de joyeux avènement par les décurions entrant en fonc-

(1) *L. J. Genetiva*, 98, 99, 96. — *Lex. Mal.*, 62, 64.

tions. — Il y avait le produit des amendes, généralement considérables, et souvent affectées à la caisse des cultes. — Il y avait encore le produit des dons et legs. Car il était passé dans les mœurs romaines de faire aux caisses des cités, soit orgueil, soit générosité, des donations importantes : nous savons qu'avec Nerva ces libéralités purent être directement faites et recueillies par institution d'héritier.

Toutes ces ressources nous sont notées comme très considérables. De nombreux documents nous fournissent la preuve de la grande richesse des villes à l'apogée du régime municipal.

Elles auraient donc pu se passer à la rigueur d'autres ressources, et vivre de leurs revenus propres. Les taxes locales, ou *vectigalia* proprement dits, ne figurent en effet que pour une petite partie du budget municipal originaire.

Or pour l'établissement de ces taxes, il semble que les pouvoirs du Sénat n'étaient pas aussi souverains. Peut-être aussi la cause en est-elle ailleurs : les *vectigalia*, destinés à venir en atténuation de l'insuffisance des produits domaniaux, ont pu ne se dévolopper considérablement qu'à l'époque de l'appauvrissement des cités ; ils seraient alors contemporains de la période de centralisation et d'ingérence du principat, et la réglementation qui nous en est parvenue en porterait la trace.

Quoiqu'il en soit, les Conseils locaux votaient souverainement le renouvellement de l'impôt déjà existant. Mais pour l'abolir ou pour l'accroître, il paraît établi que le concours du prince était indispensable. Même. l'empereur seul en peut créer de nouveaux.

Nous croyons néanmoins qu'à l'origine le budget des

recettes, normal et régulier comme celui des dépenses, était l'objet du vote souverain de la Curie, et les mêmes distinctions sont à faire, relativement à l'étendue, à la force exécutoire, à l'initiative des délibérations relatives à la recette. Toute recette communale est certainement le résultat d'un vote de la Curie : et à l'origine aucune taxe n'est imposée en dehors de cette délibération. Nous parlons ici des municipes auxquels, après la conquête, Rome a laissé l'intégralité de l'autonomie, se bornant à conclure avec eux un traité d'amitié ; ceux que nous pourrions modernement appeler « municipes de plein exercice ».

Il n'est pas moins certain que la Curie délibère souverainement sur les revenus des biens qui lui sont propres, que seules les modifications *d'impôts* paraissent avoir demandé l'intervention du prince, et encore, à l'origine, ce dernier point est-il douteux. Quant à l'initiative en matière d'impôt, elle paraît ressortir également à l'exécutif. Quelques textes nous montrent les duumvirs *consultant* le Sénat sur les procédés de locations du domaine, bains, aqueducs, et sur les redevances y relatives.

Tel est en résumé, le système autonome et profondément libéral que nous voyons fonctionner au début de l'empire dans les différentes villes libres des pays annexés. C'est l'ère des libertés locales, l'apogée du régime, et, comme on l'a très justement remarqué, la politique qui fit la grandeur de l'empire ; la conquête organisée par la centralisation politique, et par la décentralisation administrative. De là l'extension et le prodigieux développement du monde romain, corrélatif au développement du régime municipal.

Avec les progrès du principat et de la tyrannie, on

voit entrer dans les municipes, comme un élément de
dissolution administrative, partant comme un dissol-
vant politique, le contrôle, puis la tutelle, puis enfin
l'action directe du prince. C'est le commencement de la
décadence municipale, parce que commence l'ère de la
centralisation. Et le premier indice que nous en trouvons
va se manifester dans la restriction du droit souverain de
la Curie au vote de la dépense comme au vote de la recette, par l'adjonction d'une seconde autorité budgétaire : le pouvoir central.

2° *La seconde autorité budgétaire et la centralisation.*
— Dès la fin du second siècle, le prince entre dans les
finances municipales : il va se juxtaposer à la Curie,
coexister avec les magistrats, partager en un mot tous
les pouvoirs : son encombrante personnalité va, dans un
but de tutelle, compliquer d'un nouveau rouage le fonctionnement de chaque service, entraver chaque liberté,
enrayer chaque autonomie. Du libre rôle de la Curie,
ne lui restera plus qu'une apparence d'organisation ;
réglé désormais par le prince, c'est de Rome qu'éma-
nera le budget local, au mépris des plus élémentaires
principes d'administration. De plus en plus nominal le
budget n'est plus qu'une simple liste de recettes et de
dépenses, plus ou moins locales, à tendances nettement
oppressives, instrument indiqué des exactions et ruines
ultérieures.

Recettes. — C'est par des mesures relatives aux taxes,
vectigalia, que se manifeste la première tentative, la
première dans l'ordre chronologique, celle aussi que les
besoins politiques expliquent le mieux (L. 1. Code,
Vectig. nov. instit., IV, LXII).

Prématurément donc, la permission du prince devient nécessaire pour l'introduction de tout nouvel impôt ; mais pour ceux déjà établis, la Curie reste maîtresse du mode de perception : or on ne tarde pas à faire un pas de plus. Le vote souverain ne lui restera plus que dans les limites des perceptions antérieures. Toute modification ne s'opèrera plus que par le concours du prince ou de son gouverneur (1).

Puis nous voyons certains impôts directement établis par l'empereur. On n'en vint pas du premier coup à cette mesure et pour commencer on conserve des apparences. Arcadius établissant une imposition foncière extraordinaire pour la réfection des murailles d'une ville, la soumet à la ratification du Sénat local : nous assistons à cette procédure toute politique du vote forcé d'un impôt obligatoire.

Bientôt la cité ne disposera plus de son patrimoine : elle ne fixera plus seule ses tarifs de dépaissance, non plus que la fixation des prix des blés introduits dans la ville.

Le premier pas de la décadence définitive fut le jour où Rome demanda aux municipes une part du produit de leurs impôts pour l'appliquer à ses besoins, car par l'application aux besoins généraux des ressources locales, on ne réfléchissait pas qu'un arrêt de circulation dans la vie des cités ne pouvait que se répercuter fâcheusement sur l'empire déjà ébranlé.

La dernière atteinte fut portée le jour où l'empire confisca à son profit une partie du patrimoine des cités, leur ruine fut dès lors consommée ; on eut besoin d'une théorie pour la justifier : ce fut le système juridique du domaine éminent des empereurs.

(1) L. 10, *de public.*, Dig., 29, 4.

L'emploi des revenus ne fut plus dès lors qu'une apparence. Leur affectation forcée en dépense complète la ruine du système. Le droit budgétaire était mort ; l'édifice croulant n'attendait plus qu'un coup de pioche. Le démolisseur en fut Léon le Philosophe dont la novelle célèbre supprima en droit le budget depuis si longtemps disparu dans les faits (1). Car en matière de dépenses, corrélativement avait disparu l'autonomie du vote. Dans cet ordre d'idées, il est vrai que la centralisation avait été plus tardive, parce que les causes ne s'en développant que petit à petit, le besoin d'atteindre les dépenses ne se fit sentir que lorsqu'on se fut déjà attaché aux recettes. Néanmoins, comme l'une est fonction de l'autre, la réglementation ne s'en fit guère attendre.

C'est en matière de travaux publics qu'apparurent les premières mesures, parce qu'ils formaient la branche la plus considérable des dépenses municipales. La politique que nous avons mentionnée se révèle par plusieurs indices. Ce sont d'abord les travaux neufs qui attirent l'attention de Rome : on n'en peut plus entreprendre aucun sans son autorisation : « *publico vero sumptu opus novum sine principis auctoritate fieri non licere, constitutionibus declaratur* ». Pour obtenir l'autorisation de construire des bains, un aqueduc, de réparer le forum, Pline transmet à Trajan les requêtes des habitants de Prusse, de Sinope et d'Amastrée (2).

Après la réglementation de cette importante source de dépenses, on s'occupera des travaux de réparation et d'entretien. Nouvelle restriction des pouvoirs de la Curie ;

(1) *Nov. Leonis*, XLVI.
(2) Pline, *Epist.*, X, 34, 35, 75, 76, 91, 92, 99 et 100.

il faudra désormais l'autorisation de l'empereur, ou du
gouverneur de la province, qui pourra dès lors diriger
tout à sa guise. Un point surtout semble avoir spécialement attiré l'attention du prince : il s'agit des jeux publics, dont les dépenses immodérées semblaient de
nature à compromettre le patrimoine des communes,
ainsi que celui des particuliers. Un sénatus-consulte
sur la réduction des frais des combats de gladiateurs (1),
vise à réduire cette cause de ruines, que Mommsen
croit avoir été plus accentuées en province qu'à Rome
même (2). Constatant qu'il n'y a guère moyen d'enrayer
le mal, « *tantam illam pestem nulla medicina sanari
posse,* » ce texte vient jeter un jour nouveau sur l'ingérence du principat. Des prix sont fixés pour l'achat de
gladiateurs, et le maximum n'en peut être dépassé dans
les marchés conclus avec le *lanista.* On distingue à cet
effet deux sortes de gladiateurs, les *gregarii,* et d'autres
qualifiés de *meliores.* Si le prix des premiers est fixé à
une somme modique, celui des seconds est minutieuse-
ment déterminé : divisés par cinq classes ou *ordines,* la
série de prix de chacune d'elles est limitée à un maximum. Il est nécessaire d'ajouter que ces prix sont d'ailleurs variables suivant les cités, eu égard peut-être aux
conditions du marché, et en tout cas suivant la somp-
tuosité de leurs jeux.

Il ressort déjà de cette réglementation minutieuse,
qu'en peu de temps l'ensemble de la dépense municipale fut entièrement soumis à approbation. Dès lors
l'emploi des deniers communaux fut tout à la disposi-

(1) *Ephemeris epigraphica,* vol. VII, p. 388 et ss.
(2) (*Id.*) page 396.

tion du pouvoir central. De la restriction du vote de la dépense à la dépense obligatoire, un seul pas restait à faire, qui fut bientôt franchi.

La détermination minutieuse s'en révèlera dans tous les textes. La réfection des édifices communaux préoccupe d'abord les empereurs : on ne veut pas qu'elle absorbe sans direction la totalité des ressources communales, et l'on détermine strictement l'ordre des travaux (1). On fait un pas de plus en assignant à ces travaux certaines recettes spéciales, comme certains produits du domaine, le rendement de taxes déterminées, de certaines prestations. Tout cet ensemble constitue le système des assignations de recette, déjà connu des Romains. Son application aux communes procède d'un ensemble complexe d'idées : ménager la source de l'impôt auquel Rome s'adressera bientôt, restreindre la dépense pour bénéficier des excédents, mais surtout créer par cette réglementation le prétexte d'un contrôle, d'une ingérence, et poser par là les éléments d'une future domination, telles semblent être les lignes les plus profondes de ce nouveau système, le doublement progressif de l'autorité budgétaire.

Les procédés de centralisation allèrent plus loin encore : comme toujours, ils marcheront de pair avec les besoins de la politique et du trésor.

Bien que l'on discute encore sur la délimitation des mesures extrêmes de centralisation, il est certains points dont tout le monde tombe d'accord. Si le simple règlement des budgets locaux par l'autorité supérieure n'est que d'une centralisation atténuée, l'application des ressources locales à des besoins d'intérêt général est un

(1) L. 3, D. *de op. publ.*, 50, 10.

acheminement au maximum du système, que l'on atteindra par la suppression totale des budgets individuels, et par l'incorporation de leurs dépenses à celles de l'Etat.

Telle sera la dernière tendance des finances communales au bas-empire.

Quand, disloqué dans son ensemble, fissuré aux frontières, mûr de tous les symptômes d'une décomposition politique, l'Empire reçut de cette décadence elle-même de plus pressants besoins d'argent, les caisses étaient vides, la matière imposable épuisée. Pour parer aux nécessités du moment, on eut recours aux unités locales : l'empire délégua sa défense aux cités. Après leur avoir déjà imposé la charge de leurs murailles et fortifications, établi l'impôt pour y subvenir, on trouve que les revenus communaux ordinaires ne suffisent plus à cette affectation : en 496, date d'ailleurs fatale au monde romain, une levée extraordinaire est établie sur les *possessores* par Arcadius et Honorius. Il faut noter un caractère de cette contribution : sa proportionnalité aux besoins respectifs de chaque cité, qui se trouvait donc avoir à se défendre elle-même. Car le but de cette levée était la défense contre les barbares.

C'est le dernier trait de la décadence municipale, le plus caractéristique de celle de l'Empire. Du jour où le pouvoir central n'a plus de quoi satisfaire à la plus élémentaire de ses charges, il n'a plus de raison d'être, l'assemblement de ses parties n'est qu'une affaire d'équilibre acquis : le démembrement est à la merci des circonstances.

La vitalité municipale soutenait seule l'empire déclinant, dont le dernier tort fut d'y porter atteinte ; le meurtre des municipes fut le suicide de Rome.

La décadence du droit budgétaire des cités, dont nous venons de voir l'affirmation graduelle, se retrouvera dans l'étude des différentes phases du budget. Dans son exécution, dans son contrôle, dans le fonctionnement de chaque service de deniers, le même élément se retrouvera, venant modifier le caractère autonome et logique des institutions primitives. Après le doublement de l'autorité délibérante, nous verrons doubler le pouvoir exécutif, doubler les agents du contrôle. Partout l'étude du droit budgétaire des municipes, sous l'empire, se complique d'une évolution de la liberté vers la centralisation.

CHAPITRE II

FORME ET CARACTÈRES DU BUDGET.

Nous appelons budget l'acte préalable portant autorisation de recettes èt de dépenses corrélatives.

Et d'abord un budget existait-il dans les municipes, au sens où nous l'entendons actuellement ?

Il est hors de doute qu'il existait dans les cités des autorisations préalables des recettes et dépenses locales. Nous n'avons pas à revenir sur ce point.

Mais un acte unique, une liste de dépenses et de recettes annuelles, soumise aux règles de l'équilibre, de l'unité, de l'universalité, où les dépenses fussent la raison d'être de la recette, retrouverons-nous cela dans les villes ?

Malgré de hautes opinions contraires, nous ne pensons pas qu'une semblable théorie ait une base, soit dans les textes, soit dans les mœurs, soit dans les besoins de la société romaine, pour l'administration municipale.

Au point de vue des dépenses d'abord, aucune trace ne nous est parvenue d'un état de prévoyance annuellement dressé pour la Curie : les textes sont unanimes à nous présenter les magistrats se référant par propositions isolées au vote du Sénat. C'est également par décrets détachés, suivant les besoins du moment, que la Curie statue sur ces demandes de crédits. Son vote est recueilli par les magistrats, qui le devront transcrire sur les registres publics (*tabulæ publicæ*), à peine d'une amende de dix mille sesterces. Cette inscription devait probablement confier à l'ouverture de crédit le caractère de l'authenticité : en sorte qu'à ce point de vue le budget en tant qu'acte écrit (*instrumentum*), était postérieur au vote de la Curie. Il résultait après coup du relevé des *decreta* rendus préalablement à chaque fait de dépense.

Au point de vue des recettes, nous trouvons quelque chose de plus voisin de nos institutions, une sorte de budget quinquennal des recettes, lié à l'organisation du cens. Il n'en faudrait pas cependant pousser trop loin l'assimilation. La confection du cens, la répartition de l'impôt, la tenue des registres servant de base au travail des *exactores* par l'entremise du *tabularius* (archiviste), le vote de la Curie complétant cet ensemble, — tout cela pouvait constituer une sorte de budget partiel des recettes. — Beaucoup cependant se trouvaient échapper à ce relevé général, comme les taxes indirectes ou *vectigalia*, douanes ou *portoria*, affermements de biens, contributions diverses établis par voies de *decreta* isolés, rendus avec l'expresse approbation du prince. Il ne paraît pas d'ailleurs que la revendication du vote de l'impôt ait jamais pris un caractère bien aigu dans le monde romain, du moins à l'origine, où les cités vivaient presque entièrement de leurs vastes domaines, ainsi que des dons ou *sportulæ* des magistrats. Le budget semblait donc moins nécessaire. Est-ce à dire qu'on ne pouvait se rendre compte de la situation financière d'une colonie ? Bien loin de là, l'institution des archives, confiées au *tabularius*, les *breves* ou rôles de contributions, les *tabulæ publicæ* où étaient reportés les décrets du Sénat, fournissaient mplement les éléments d'un contrôle, d'ailleurs utilisés.

D'un autre côté la notion budgétaire telle qu'elle nous est connue, est intimement liée à celle de l'exercice. Il ne paraît pas que cette idée ait profondément dominé l'exécution des services financiers à cette époque (1). Les comptables rendaient des comptes de gestion, ainsi que les magistrats, et ces comptes semblent avoir été annuels ; mais il y avait là bien plutôt un procédé de contrôle périodique et régulier qu'une imputation comptable des recettes d'une année aux dépenses corrélatives. Sur la caisse de la cité, unique à l'origine, sur des caisses plus tard multiples, souvent sur certaines catégories de revenus, les dépenses étaient consignées sans règles bien logiques. Le magistrat et le comptable rendaient donc des comptes, par série d'opérations, par caisses déterminées, par catégories de revenus, plutôt que par imputation d'exercice.

C'est ce qui explique pourquoi l'unité budgétaire semble inconnue aux Romains. La caisse, gérée d'abord par le questeur, acquitte les dépenses qui lui sont assignées, soit entre les mains du créancier, soit entre celles de l'administrateur (2). Mais cette caisse n'était pas unique : il y avait des services possédant des revenus propres, avec des comptabilités distinctes. Dans chaque municipe, presque toujours le service des cultes, quoique communal, fonctionne indépendamment des autres. Une caisse spéciale pour les frais du temple existait dans la colonie Julia Genetiva, et chaque temple disposait à son gré du produit des oblations volontaires. Les

---

(1) L. Bouchard, *Étude sur l'administration des finances de l'empire romain.*

(2) Nous nous écartons sur ce point de l'opinion exprimée par M. Humbert.

dépenses intérieures étaient couvertes par les dons des fidèles, et il n'est pas sans intérêt de rapprocher ce régime de la dualité des fabriques intérieures et extérieures, établies en France sous le droit intermédiaire.

Mais c'est surtout lors du démembrement des finances municipales, lorsque les attributions des duumvirs passèrent aux mains du *curator reipublicæ*, ainsi que des *curatores* subordonnés, que l'unité et l'universalité budgétaire reçoivent la plus grave atteinte, par la pluralité des caisses, et le système des assignations de recettes.

Car les attributions exclusives des magistrats municipaux passèrent insensiblement à un nouvel agent, plus ou moins émané du pouvoir central, le *curator reipublicæ*, responsable d'ailleurs de son administration devant la Curie, d'après le système romain, et donnant ses ordres à une foule de *curatores* spéciaux, et spécialisés à chacune des branches de l'administration. Ils agissaient d'ailleurs pour le compte du *curator* en chef, dont ils n'étaient que les préposés, ainsi que nous le démontrerons plus loin.

Or avec ce régime coïncida la multiplication des caisses, et l'assignation des revenus.

Il est impossible de donner une liste exacte et complète de ces différents magistrats subalternes, chargés d'un simple *munus*, et dont le nom, les attributions, le nombre, variaient de cité à cité. Le plus connu est le *curator kalendarii*; l'importance des capitaux des cités s'était augmentée de jour en jour, et la gestion en fut confiée à un agent spécial; un registre des prêts et placements des cités, tenu par lui, relevait les échéances. Ce *kalendarium* lui donna son nom. Le *curator kalendarii* semble avoir eu pour mission d'effectuer le recouvrement des intérêts des sommes prêtées, d'effectuer les placements aux risques et périls du *curator reipublicæ* (1), de négocier les emprunts au nom de la ville, et d'en poursuivre le recouvrement. Nous aurons à voir plus loin s'il était agent comptable (2). Pour le moment, notons son caractère d'administrateur préposé à la fortune mobilière de la cité. Il est vrai que nous ne rencontrons pas dans les textes d'assignation particulière de la plupart des sommes qu'il recouvrait; mais parmi les différents produits confiés à ses soins, il y avait certainement assignation du produit des amendes, dont il poursuivait le recouvrement (3). Ces produits étaient affectés aux temples, aux travaux publics; c'est d'ailleurs un trait commun à toutes les législations que la spécialisation du produit des amendes.

A côté du *curator kalendarii*, nous trouvons le *quæstor alimentorum*, ou *pecuniæ alimentariæ* (4), dont les fonctions étaient certainement distinctes de celles du *quæstor ærarii*, puisque toutes les inscriptions nous les mentionnent séparément, et qu'il est fait mention expresse des cas où elles sont exercées par le même agent. On trouve dans ce dernier cas : « *quæstor arcæ publicæ et pecuniæ alimentariæ* ». A *Industria*, une inscription porte : « *quæstor ærarii publici et alimentorum* (5) ». Des revenus spéciaux étaient affectés à l'achat du blé,

(1) Cf. Houdoy, p. 468.

(2) V. sur le *curator kalendarii* : Zeitschrift de Savigny Stiftung, t. XIII, p. 156 et ss. et la liste de la page 170.

Cf. également Orelli, 2390, 3156, 3976. Et Dig. L. 18, 2o, *de muner.*

(3) Dig. XLIII-X, l. 5, 1o et 3o.

(4) Orelli-Henzen, 3908, 3989.

(5) Orelli, no 62. L. 18, 2o. Dig. *de muneribus*, L. IV. Houdoy, p. 407.

pour le compte de la ville, ainsi que les denrées de première nécessité. Nous n'avons pas de renseignements
précis sur la nature de ces ressources, rattachées par
certains textes à la perception de l'annone : mais, ce
qui ressort incontestablement, c'est l'assignation de certains revenus à cette branche de l'assistance publique,
qui consiste à distribuer des graines, des huiles, en les
cédant au prix coûtant. Cette assignation est tellement
caractérisée que les caissiers ne sont même pas les mêmes, puisqu'il y a à côté du questeur le *quæstor arcæ
frumentariæ*. Ce dernier semble bien d'ailleurs spécialisé
aux seules opérations de caisse : le Digeste (*ad muni-
cip. fr.*, 21, *de muneribus*, L. IV, 1), distingue simultanément le *curator frumenti comparandi*, du *curator arcæ
frumentariæ*, l'un chargé des achats, l'autre des paiements. Nouvelle infraction par conséquent à l'unité
budgétaire.

Plusieurs autres spécialisations étaient communes à
tous les municipes.

En matière de travaux publics, les produits des legs
et donations faits à la cité doivent être uniquement affectés à la réparation des édifices : c'était autant d'é-
pargné aux revenus réguliers dont les empereurs con-
voitaient une part. On alla même jusqu'à pousser cette
spécialisation si loin, que ces produits durent être affectés aux édifices, quelle qu'eût été l'affectation imposée
par le testateur. Il dut donc se former une sorte de caisse
des travaux publics, avec report obligé des excédents
non employés ; si un comptable spécial n'était pas toujours affecté à ce petit budget, l'assignation des produits
n'en demeure pas moins constante.

Il en était de même, du moins à l'origine, des produits de l'annone, affectés également à différentes dépenses, dans la mesure des recouvrements.

Il semble également que les *sportulæ*, libéralités des magistrats à l'occasion de leur entrée en fonctions, ne pouvaient être détournées d'une destination déterminée : on les employait en jeux publics. Nous en trouvons la preuve dans quelques constitutions impériales qui en prescrivent l'emploi en travaux publics, pour l'avenir.

Quand les différentes ressources dont nous venons de parler étaient distraites de l'universalité des dépenses et des recettes, il ne restait plus grand'chose à l'universalité des produits affectés à l'universalité des dépenses.

Tels sont les caractères du budget des municipes : absence d'un acte budgétaire unique, résultant de la notion où les Romains étaient de l'exercice ; manque d'unité et d'universalité enlevant aux recettes le total des dépenses ; système d'assignations très développé ; comme dans les comptabilités primitives, allant même jusqu'à la pluralité des caisses ; — en un mot tous les caractères que nous retrouvons dans le budget général de l'Empire. Il en ressort que malgré la perfection financière résultant de l'ordre et de la méthode de l'esprit romain, les idées théoriques et spéculatives avaient néanmoins fait défaut à l'administration. Tout cela cadre bien avec l'idée que l'on se fait, d'après les textes, du progrès administratif dans le monde latin.

Il nous reste à voir maintenant par quels procédés le municipe exécutait le budget dont nous connaissons maintenant l'origine et les caractères.

CHAPITRE III

Trois questions se posent : à quels magistrats était confiée l'exécution budgétaire ; — quelles étaient leurs attributions respectives, — et la limite de leur responsabilité.

I. — Du pouvoir exécutif budgétaire.

Le pouvoir exécutif était confié à un collège de magistrats responsables, dont le nombre et les attributions variaient un peu de cité à cité. Les différentes lois municipales nous en énumèrent plusieurs, et le Digeste complète ces indications : mais il s'agit toujours des mêmes pouvoirs, de quelque nom qu'ils soient désignés : « *qui cumque II viri, IV viri ve erunt, aliove quo nomine magistratum potestatem ve habebunt.....* » Ces autres magistrats, revêtus du pouvoir exécutif municipal, nous sont désignés dans les textes et dans les inscriptions sous le nom de *prætores, dictatores, quinquennales, censores*..., dont les attributions sont totalement ou partiellement analogues à celles des duumvirs, qui restent le prototype du pouvoir exécutif de la cité.

Chaque cité ayant dans une *lex municipalis* spéciale, sa constitution individuelle résultant du fusionnement de ses institutions dans le type unique créé par Rome,

et dont la généralisation s'affirma partout à la suite de
la *lex Julia municipalis*, ou table d'Héraclée, cette va-
riété des magistrats municipaux s'explique facilement,
et l'histoire de chaque colonie nous fournit là-dessus de
nombreux renseignements.

En Italie, et dans la plupart des villes voisines, entrées
dans le *nomen Latinum*, avec ou sans *jus suffragii*, le
terme le plus généralement employé semble être celui
de *prætor* ou *dictator*, dont l'emploi se généralise dans
l'Etrurie et le Latium. Sans parler de certaines villes qui
avaient des Consuls, du *Meddixtuticus* de Capoue (1),
des Démarques de Naples, nous noterons ce terme originaire de préteur dans les villes latines. Le nom semblait même à Horace et Cicéron un peu bien prétentieux.

A Abellinum, Grumentum, à Télésia, à Hispellum,
nous trouvons les noms de *prætores II viri* ou *IV viri* (2),
ce qui semble une transition toute indiquée au terme
unique et sensiblement uniforme des *II viri* après la *lex
Julia Municipalis*. Dans les colonies d'origine romaine,
antérieures à cette loi, nous rencontrons également des
préteurs, alors que le mot était déjà tombé en désué-
tude en Italie. M. Houdoy (3) attribue cette anomalie à
l'antériorité des colonies de la Gaule Narbonnaise par
rapport aux tables d'Héraclée, dont les dispositions uni-
fiaient à l'avenir le fonctionnement des pouvoirs, ainsi
que leur terminologie.

Il est certain d'ailleurs que la préture municipale, que
nous ne voyons jamais coexister avec le dummvirat, n'en

_____

(1) Tite Live XXIII, 25, XXIV, 19... Orelli, n° 3804. « *Meddixtuticus
qui summus magistratus apud Campanos est...* » Tite Live.

(2) Orelli, 3895, 7027, 7028, 3265, 3785, 7029... etc.

(3) Page 325.

est pas un démembrement. Le dédoublement ne s'opéra qu'à l'époque du *curator reipublicæ* dont l'apparition morcela la préture ; « et le nom même de *II viri jure dicundo* nous montre que jamais la juridiction ne fut séparée des attributions de ces magistrats ».

L'assimilation des *prætores II viri* ou *IV viri* et des *II viri* et *IV viri* est donc établie.

On a remarqué que les *IV viri* se rencontrent dans les municipia proprement dits, et les *II viri* plus habituellement dans les colonies.

Nous avons dit que la préture n'était pas un démembrement du duumvirat. Est-ce à dire que le duumvirat ne fut pas susceptible de démembrement ? nullement ; et nous trouvons ici l'un des caractères les plus curieux du droit public romain, la pluralité et les spécialités de magistratures constituées en collège. Les *II viri, jure dicundo* ou non, formaient le collège suprême de la magistrature et des colonies. Mais chargés sous des responsabilités pesantes dont nous apprécierons plus loin l'étendue, de la totalité du pouvoir exécutif, le besoin se fit sentir d'une division de fonctions, et d'une spécialisation *d'imperium*.

La raison d'être s'en trouve vérifiée par les faits. C'est dans les cités populeuses et étendues que se retrouve la multiplicité la plus grande des fonctions exécutives.

L'usage s'établit universellement de détacher du duumvirat la direction des travaux publics, pour la remettre à un autre couple de magistrats, qui furent les édiles. Les textes les réunissent souvent aux *II viri* sous le nom de *IV viri* (1). Les édiles faisaient d'ailleurs par-

(1) Cf. Allmer et de Terrebasse. *Inscriptions antiques et du moyen*

tie du collège : l'édilité est un *honos*. Cette assimilation
se comprend d'ailleurs facilement si l'on se rappelle l'importance énorme des travaux publics chez les anciens (1),
et la place qu'ils tenaient dans le budget municipal. On
comprend donc que les édiles fissent partie des plus
hautes fonctions de la cité. Le Digeste témoigne à chaque pas de l'importance de leur rôle. ,

A Vienne, une série d'inscriptions (2) nous montre
l'existence simultanée de questeurs, de *II viri ærarii*, de
III viri locorum publicorum persequendorum, et de *II viri
jure dicundo* (3). L'importance de cette ville justifie pleinement qu'on ait séparé du duumvirat une série de fonctions spéciales, telles que les *III viri locorum publicorum
persequendorum*, probablement chargés de la surveillance et des revendications concernant le domaine. —
Les *II viri ærarii*, dont les attributions ne doivent pas
être confondues avec celles du *quæstor* ou caissier coexis-
tant avec eux (4), et que l'on suppose chargés de l'administration financière, comme surveillance des rentrées,
établissement des droits, emprunts, liquidations, ordon-

(1) Voir sur les édiles et les travaux publics, Allmer et de Terrebasse, (Tome IIᵉ) p. 200 et ss. : huit inscriptions sur les eaux amenées
à Vienne par les *édiles quattuorviri*.

Cf. égal. Tite Live XLI, 27.

(2) Herzog, app. nᵒˢ 508, 512, 545, 546.... Orelli, 256, 258. — Allmer
et de Terrebasse, *loc. cit.*

(3) Allmer et de Terrebasse, t. II.

(4) Allmer et de Terrebasse, t. II, p. 207, — id., p. 290, — et également p. 266. Une inscription y désignant Sextus J. Condiamus,
questeur de la colonie de Vienne, id, p. 268 et ss. Cf. également
Herzog, nᵒ 547.

nancements, etc... (1) les *duoviri jure dicundo* qui nous paraissent avoir gardé dans le cas présent la juridiction de droit commun, jadis dévolue aux magistrats titulaires d'autres fonctions.

Il y avait encore les *censores* ou *quinquennales investis* de l'*honos quinquennalis* de la confection du cens ; cette fonction rentrait par essence dans le pouvoir administratif, puisqu'outre les attributions de *potestas censoria* (*lectio senatus*.... etc...) se trouvait la confection du cens, c'est-à-dire la base éventuelle de certains impôts. La dignité quinquennale pouvait être exercée par un magistrat spécial, le *censor*, ou cumulativement par l'un des magistrats de la Cité. Il ajoutait alors à son titre celui de *quinquennalis* (2) d'après l'opinion la plus généralement adoptée.

Le questeur, enfin, dont les attributions nous occuperont plus longuement, avait pour rôle la gestion de la Caisse municipale, et la manutention des deniers (*tractare pecuniam*). Il est certain qu'en tant que de spécialiser les fonctions administratives, le premier pas, et le plus logique était de confier à un agent spécial les soins de la Caisse, et les détails minutieux de la comptabilité.

Tels étaient les magistrats municipaux de la première période, chargés de l'exécution budgétaire. Il nous reste à dire un mot d'un principe capital du droit public romain, pour expliquer la présence d'un dernier magistrat, que l'on rencontre quelquefois sous le nom de

---

(1) Il est donc inexact de traduire par le vocable *II vir* trésorier les mots *II vir ærarii*. Cf. Allmer et de Terrebasse, *loc. cit.*, p. 236, 252 et 256.

(2) *Lex J. Municipalis*, cap. 11.

Præfectus. Nous voulons parler du droit de délégation.

Comme conséquence des pouvoirs illimités des magistrats et de la responsabilité effective qui en découlait les Romains leur donnaient le droit de déléguer ces pouvoirs à des mandataires de leur choix. De nombreux textes, établissant ce droit (1), nous délimitent soigneusement les pouvoirs du délégué, dont l'institution pouvait être forcée (*Lex salpensa*, 25, *principium*).

Le délégué pouvait être soit un collègue du magistrat, soit un simple citoyen. L'effet de la délégation était de lui transmettre un *imperium* partiel, « *quod non est merum* », et certains moyens de coercition : « *etiam imperium, quod non est merum, mandari videtur, quia juris dictio sine nulla coercitione nulla est.* » « il semble y avoir également délégation d'un *imperium* mitigé, par ce qu'une juridiction, sans quelques procédés d'action, serait de nul effet ».

Telles sont les différentes magistratures, à la période florissante des cités. Avant d'étudier leurs attributions, il faut savoir quels changements y apportèrent les empereurs, par l'adjonction d'un nouveau magistrat.

Période du curator reipublicæ.

C'est qu'en effet, vers la fin du premier siècle, ou vers le commencement du second, un nouveau magistrat poindra dans la cité. Agent du prince, ses fonctions vont absorber petit à petit la plus grande partie de celles de ses collègues, spécialement celles relatives au patrimoine communal. C'est le *curator reipublicæ*, dont au début du IIIᵉ siècle les attributions étaient déjà assez

(1) L. S. de jurisd. II, I. Dig. — *Lex Salp.* 25.

importantes pour fournir à Ulpien la matière d'un traité, malheureusement perdu.

Ses débuts furent d'ailleurs modestes. Mais petit à petit il s'intercale, peu après il prend rang. Chaque jour le collège des magistrats perd de ses attributions, une parcelle dont s'enrichit le représentant du prince. Le magistrat communal n'aura bientôt plus que quelques pouvoirs de juridiction, ou une initiative atténuée.

Cette innovation, contemporaine des restrictions apportées aux pouvoirs délibératifs de la Curie, n'a pas passé inaperçue des commentateurs. Elle réalise le complément des réformes depuis longtemps commencées.

Avant d'étudier d'une façon détaillée les fonctions de ce nouvel organe, une importante question se pose au point de vue financier et comptable : à quels magistrats se substitua-t-il partiellement ou totalement, et comment se fit sa place dans le pouvoir excécutif.

Ici, nous nous trouverons en contradiction absolue avec des opinions autorisées en cette matière (1).

M. Houdoy, à la suite de M. Bouchard, nous dépeint le *curator reipublicæ* comme successeur graduel du questeur municipal, avec lequel, dit-il, il se serait rapidement confondu, si bien qu'à partir du II⁰ siècle, nous ne trouvons plus la questure parmi les magistratures. Si quelques textes la mentionnent, c'est parmi les *munera*, et encore parmi les *munera personalia*. Mais selon M. Houdoy la questure serait absolument abolie dans la majorité des cas. Le *curator* l'aurait absorbée, et delà aurait résorbé petit à petit la presque totalité des autres fonctions administratives. Les magistrats n'auraient plus

_____

(1) M. Bouchard, *Étude sur l'administration des finances de l'empire romain*, p. 490.

possédé que des attributions d'ores et déjà purement nominales.

Cette théorie, déjà mise en doute par M. Humbert, ne contient qu'une part de vérité ; c'est l'immixtion graduelle du *curator* dans les fonctions administratives.

Mais elle contient une erreur capitale, plus marquée en matière de finances que partout ailleurs : c'est cette succession du *curator* au questeur, l'abolition de la questure, et cette monstrueuse anomalie, par voie de conséquence, de la confusion des administrateurs avec les comptables.

Ainsi cette distinction fondamentale, cette séparation de la caisse et de l'action politique, nécessitée par la nature et la multiplicité croissante des services, affirmée par les textes où elle se fortifie à mesure qu'on y pénètre davantage, distinctive de la comptabilité du bas-empire, cette séparation aurait suivi dans les cités une marche inverse, quand le besoin s'en faisait le plus sentir, que la science des deniers publics se précisait de jour en jour, que l'évolution financière suivait une progression diamétralement opposée ?

Il faudrait des textes bien précis pour admettre une théorie semblable, à laquelle devait répugner le sens financier des anciens.

Le *curator reipublicæ* se serait substitué aux caissiers, dans quel but ? pour permettre à l'Empereur de s'ingérer dans les actes administratifs, que nous avons vus, que nous verrons toujours distincts du maniement de deniers ? Il faut avouer que le procédé était bien mal choisi, et ne semble guère approprié au but à atteindre. Ces deux ordres d'idées et de faits manquaient de la plus élémentaire connexité.

Un examen plus méthodique et plus daté des origines des pouvoirs du *curator reipublicæ*, nous montrera une marche tout opposée.

Un point d'ailleurs certain, c'est que la questure, loin d'être disparue, existait toujours. Elle existait normalement, et non pas par exception, mais elle était devenue un *munus*, cessant de prendre place parmi les *honores*. Le Digeste nous la mentionne comme une institution normale et régulière, coexistante aux autres (L. 18, 2°, *de muneribus*, L. IV). De nombreux textes viennent corroborer ce dire (1). Son existence est donc indéniable, on ne comprend même pas qu'on l'ait contestée. Ce qui est réduit, c'est non pas le nombre des fonctionnaires, mais l'étendue de leurs fonctions.

Si donc elle a perdu l'*honos*, pour devenir un *munus*, il y a longtemps qu'elle tendait à prendre ce caractère ; bien avant qu'il fût question du *curator reipublicæ*, cette évolution s'affirmait, et la voir réalisée à l'époque de Justinien n'a rien qui doive nous surprendre. Bien plus même, nous comptons établir plus loin qu'il y eut là une affirmation plus entière et plus complète de l'adminis-

---

(1) *Sur la persistance de la questure*, cf. Herzog, *Galliæ Narbonensis historia*, p. 191 et 225.

« Quœstoris quod fuerit officium, ex nostris inscriptionibus nullo modo potest erui. Aliunde autem satis notum est pecuniam publicam eos tractasse, et arcam communem custodivisse. Statuere autem ad quos usus impenderetur pecunia publica, non quæstorum erat, sed summorum magistratuum et ordinis, quibus summa competebat œrarii cura et administratio, et plus loin, *id.* p. 240 :

« Quæstoris officium erat administratio pecuniæ publicæ, ac custodia arcæ publicæ provincialis itaque opus erat reditus provinciæ accipere, pecuniam, quæ in publicus usus erat erogata, expendere, rationes expensi acceptique referre,... etc. — Cf. égal. *Lex Malac. rubr.* 60. — Allmer et de Terrebasse, t. II, passim.

trateur et du comptable, que nie la théorie dont nous combattons les confusions.

D'ailleurs il ne faut pas trop s'étonner de voir la questure moins souvent mentionnée dans les textes du Digeste que dans les lois municipales qui nous sont restées de l'époque antérieure ; et quand fut rédigé le Digeste, la questure avait persisté, mais sous un autre nom : le questeur est devenu *curator ærarii, curator pecuniæ publicæ*, avec des attributions exclusivement comptables. Il est caissier et rien que caissier. La poursuite des revenus ne lui appartient pas : ce rôle, plus administratif que comptable, est retourné à l'administration proprement dite, comme le *curator ad colligendos civitatum publicos reditus* (1), ou le *curator pecuniæ exigendæ et attribuendæ* (2). Tous les deux se distinguent rigoureusement du *curator ærarii*, auquel toute *exactio* est enlevée. D'ailleurs, il y avait des villes du Bas-Empire qui avaient conservé les questeurs sous leur nom d'origine.

Donc la questure existait, plus ou moins réformée, sous un autre nom, avec un agent de remplacement. Mais son existence ne peut être contestée, et c'est le point essentiel.

Or, entre les fonctions déterminées et nettes des II virs, et celles du questeur, où donc était sa place pour intercaler un nouveau fonctionnaire ? Car aucun texte ne nous fait mention d'une dépossession brusque et primitive de fonctions au profit du *curator*.

C'est qu'en effet ce ne fut pas par dépossession qu'apparut le *curator reipublicæ*, mais bien par création de

___

(1) Le 8, 9°, *de muneribus*. Dig.
(2) Orelli, 3882. C. I. *Græcarum*, 3945.

fonctions, attributions nouvelles répondant par leur date à un besoin nouveau.

On sait que les cités étaient primitivement incapables de recevoir directement par legs ou fidéicommis, en raison de leur qualité de personnes incertaines. Ce fut Nerva (Ulp., *Regulæ*, XXIV, 28) qui valida ces sortes de legs. Une constitution d'Adrien vint compléter la capacité des villes. De ce chef, une nouvelle attribution eût pu incomber aux duumvirs : on jugea bon de ne pas étendre des pouvoirs qu'on cherchait d'ailleurs à restreindre. Et c'est de ce jour que date l'apparition du *curator reipublicæ* (1), chargé par Nerva de surveiller et de poursuivre la rentrée de cette nouvelle source de revenus. Il nomme les *actores* chargés de poursuivre l'exécution du fidéicommis.

Il n'y a donc rien que de naturel à voir à cette époque la création d'un agent de Rome. C'est dans un but fiscal que l'on ouvre aux cités une nouvelle source de richesses, et comme complément de cette mesure, comme suite de la politique d'immixtion dont nous avons retrouvé les traces en matière d'autorité budgétaire, c'est un agent du pouvoir central que l'on charge de surveiller l'application de ce nouveau système.

Donc originairement, le *curator* subsiste à côté des duumvirs (2), sans que ceux-ci aient rien perdu de leurs pouvoirs. Puis son rôle croîtra sans cesse, s'enrichissant alors d'attributions propres, et de certaines autres empruntées aux *IV viri*, qui se trouveront partiellement dépouillés. La loi 9, au Digeste, *de administratione rerum*

---

(1) Cf. Daremberg et Saglio, art. *curator reipublicæ*, et Henzen, *Annali dell Inst.*, 1851, p. 5 et ss., 15-18.

(2) Cf. Zeitschrif der Savigny Stiftung, t. XIII p., 170.

ad civitatem pertinentium, nous donne de précieux renseignements sur l'extension que donne au rôle du *curator* les empereurs Antonin et Vérus, quelque vingt ans après. Nous le voyons chargé de rechercher les fonds communaux, même possédés par des tiers de bonne foi, quand un recours est possible. Les attributions qu'il tient du prince prennent alors un caractère de haute surveillance : il est chargé de veiller à ce que les décisions, toujours souveraines en apparence, des décurions, ne soient pas entachées d'irrégularité. La position de tuteur communal s'affirme de plus en plus ; il veille à ce que les agents communaux ne consentent pas d'opérations désavantageuses pour la cité : « *Item eodem libro imperatores Antonius et Verus rescripserunt, operum exactionem sine cautione non oportere committi* » (L. 9, 3°). On le rend même responsable de sa non-intervention : « *Item rescripserunt curatorem etiam nomine collegæ teneri, si intervenire et prohibere eum potuit* » (L. 9, 8°, *eodem*). La mission jusqu'ici nous apparaît donc limitée à surveiller la bonne administration du patrimoine communal, comme tuteur naturel nommé par le prince. Remarquons qu'il fait déjà partie du collège, « *nomine collegæ teneri* », et qu'il a peut-être le droit d'intervention. De là à lui donner des attributions administratives elles-mêmes, une transition insensible se présentait : investi de la surveillance, il était censé pouvoir passer lui-même les opérations, comme au moins aussi apte à exercer ce ministère. Et nous le voyons donc, après avoir eu le pouvoir de provoquer les aliénations mal à propos consenties par les décurions, investi de celui de passer certains marchés délicats, faire certaines concessions préalablement votées. Les duumvirs et édiles se réduiront de plus en plus à des surveillances de détail, à la police locale, à la juridiction. Mais le plus clair de l'action administrative est allée au curateur.

Comme confirmation, la plénitude du caractère de magistrat lui est attribuée. Chef d'une foule de curateurs subalternes, agissant sous sa responsabilité, investis d'un simple *munus*, on l'érige à la plénitude de l'*honos*; responsable comme les autres magistrats, armé du droit d'intervention, rien ne lui manque plus de la magistrature; et l'action intentée contre lui à raison de ses fonctions, peut être utilement exercée contre ses héritiers (L. 9, Dig., 1°, *de adm. rer. ad civ. pert.*).

Tels sont les magistrats que nous voyons chargés du pouvoir exécutif budgétaire à la seconde période du droit municipal. Ce que nous venons d'en dire simplifiera ce qui reste à exposer de leurs rôles respectifs. Nous retrouvons d'ailleurs dans cet ordre d'idées les principes déjà touchés en passant, et des discussions auxquelles ils ont donné lieu.

II. — Attributions des magistrats.

Nous aurons également deux périodes à distinguer : celle des édiles et duumvirs, celle du *curator reipublicæ* et des *curatores* subordonnés.

Nous aurons enfin à établir le rôle exact de la questure durant ces deux périodes, et dans quelle mesure les romains avaient compris le rôle des ordonnateurs et des comptables.

1° *Période des duumvirs et édiles.* — Nous avons vu confiée aux II virs la magistrature suprême de la cité.

Collège suprême, la plénitude du pouvoir exécutif leur appartient, ainsi que celle de la juridiction, et c'est par conséquent à eux que se trouve confiée la tâche d'assurer le fonctionnement du budget, après le vote des décurions. Nous ne reviendrons pas sur le parallèle de leur rôle en regard de celui du pouvoir délibératif. Presque tous les chapitres des principales lois municipales, spécialement les bronzes d'Ossuna, contiennent la mention de ces fonctions.

Nous savons également que des magistratures spéciales, mais absolument autonomes jusqu'à l'époque de Nerva, sont chargées de certains services offrant un développement particulier. Le rôle des duovirs se compose donc de la totalité des pouvoirs financiers, sauf ceux expressément déférés à leurs collègues.

C'est ainsi que les II virs, chargés de l'initiative des projets budgétaires, n'en obtiennent le vote que pour en autoriser l'exécution par leurs mains. Ils doivent d'abord faire inscrire la sentence sur les registres publics et surveiller l'exécution sous peine d'une amende de dix mille sesterces (*L. J. Genetiva*, 129). Cette formule, générale dans les lois municipales, y est devenue de style.

Plus spécialement, les duovirs doivent mettre en adjudication les travaux votés. Une importante disposition de la *lex Malacitana* leur prescrit de faire vendre, toujours en vertu d'un décret curial, les *prædes, prædiaque,* et autres sûretés affectées par les débiteurs à la garantie du trésor public. C'est également sur leur initiative que sont recouvrées les amendes, fort importantes et souvent citées (1).

_____

(1) *Lex Malacitana*, 63, 64, 66, 68.

Notons en passant que si nous ne les voyons pas chargés de représenter la cité en justice pour y soutenir ses
droits, cela tient aux idées spéciales des Romains, qui
n'arrivèrent que difficilement à concevoir la représenta-
tion des villes, après avoir mis longtemps également à
se former juridiquement la notion de la personnalité
morale. Mais en général, c'était le duovir qui nommait
le syndic chargé de soutenir l'action intentée (*Contrà,
lex J. Genetiva*).

Et tous les baux, marchés, concessions du domaine
communal à charge de redevance, l'emploi des capitaux,
la direction des travaux publics, tout cela compétait aux
II viri. — C'était également à eux de stipuler pour ces
différentes opérations toute une garantie de cautions et
sûretés, *prædes*, *prædia* et *cognitores*, destinées à sauvegarder les deniers de la commune, et leur propre responsabilité.

Remarquons également qu'en vertu de l'inaliénabilité
primitive du domaine de la cité, les ventes des biens
communaux se trouvaient soumises à un ensemble de
règles et formalités difficiles et compliquées.

Les concessions de prise d'eau dans les aqueducs,
moyennant un vectigal, leur reviennent également : « ce
soin... appartient aux *II viri*, ou à l'un d'eux, ou au
préfet par lui désigné. Ils agiront en vertu d'un décret
des décurions, rendu en présence des deux tiers au moins
des membres inscrits, et rédigeront le cahier des charges
en vertu de ce décret ».

Relativement aux taxes locales, c'était également aux
duovirs à en prescrire le recouvrement. Mais il semble
que les poursuites, bien que rentrant logiquement dans
le rôle de l'administration, ressortent au *quæstor* ou cais-

sier, qui figure à cette époque comme magistrat municipal, investi de l'*honos*, soumis aux responsabilités,
versant les cautionnements caractéristiques de toute
magistrature. — Le peu d'importance des taxes locales
à l'origine, alors que les cités vivaient plus spécialement
des produits de leurs domaines, suffit à nous expliquer
le rôle relativement effacé attribué au II virat à cette
époque.

Bien qu'ils eussent la haute direction des travaux publics, les détails d'exécution et de surveillance étaient
confiés aux édiles, qui figurent dans le collège du IV virat. — Lors de l'apparition du *curator reipublicæ*, les
fonctions des édiles sont peu à peu résorbées à son profit,
et se renferment à quelques attributions de police, surveillance, taxes et amendes de voirie, et contentieux,
dont nous n'avons pas à parler ici.

Le troisième grand magistrat municipal dont nous
ayons à étudier le vote, était le questeur, *quæstor ærarii*.
A lui ressortaient d'abord l'universalité des opérations
de caisse, les recettes et les dépenses. C'est à lui que les
lois de Salpenza et de Malacca ont confié le soin de la
caisse communale, *arca publica, ærarium*, dont l'existence nous est citée partout, à toutes les époques du
droit. Nous insisterons sur le caractère de magistrature
que présente la questure à cette époque. La questure
figure en effet parmi les *honores* : nous voyons dans l'album de la ville de Canusium le nom des questeurs à
côté de celui des autres magistrats.

Puisqu'il est magistrat, il doit être soumis à la responsabilité caractéristique de ce rôle, et de tout le droit
public romain. Or, cette responsabilité nous est révélée
à sa charge (*Lex Malac.* 60). Ayant le maniement des

deniers publics, ils étaient donc astreints à donner caution.

Puis, nouvel indice, le questeur détient une parcelle de l'administration. S'il n'a pas d'attributions contentieuses, comme ses collègues, il parait certain que les poursuites contre les contribuables sont de sa compétence. Bien qu'aucun texte ne nous ait formellement révélé cet ordre de fonctions, d'ailleurs peu importantes à l'époque de ces textes, ce rôle nous semble résulter de l'analogie existante en droit public pour les services de l'empire, où *l'exactio* est nettement définie à côté de la *susceptio*. La similitude des vocables enhardit dans ce sens : *exactor*, de *exigere*, *quæstor*, de *quærere*. Il n'est pas inutile de remarquer que c'est lorsque ces fonctions lui sont enlevées au profit d'un autre agent nommément déterminé, que le questeur perd son nom caractéristique. Du jour où *l'exactor* apparaît au municipe, le *questor* devient un simple *curator ærarii*, *arcæ*, *pecuniæ publicæ*. Et notons à ce moment précis la disparition corrélative de sa qualité de magistrat. Quand paraît *l'exactio*, la questure disparaît du nombre des magistratures : n'ayant plus l'action administrative, il n'a plus *l'honos*, ni la responsabilité, ni la caractéristique des fonctions collégiales. Le Digeste nous atteste que dès lors sa charge n'est plus qu'un simple *munus personale*. (L. 18, 2°, *de muneribus*, L. IV).

Les grandes lignes de l'exécution budgétaire se dégagent donc, antérieurement à Nerva, avec une simplicité majestueuse : en général, deux ordres de magistrats administrateurs, en regard d'un magistrat comptable.

A cette époque, l'embarras des finances n'a pas encore généralisé le système si défectueux de l'assignation des recettes, et de la pluralité des Caisses. Car nous ne mentionnons que pour mémoire la division de la questure sur la tête du *quæstor pecuniæ alimentariæ*, ainsi que les recettes et dépenses des temples, et le rôle des prêtres dans le fonctionnement de ces services. Partout règne la division nettement accusée des administrateurs et des comptables, dont quelques cas de détail ne peuvent altérer le caractère.

Cette division va se retrouver presque intacte, comme nous espérons le démontrer à l'époque du *Curator reipublicæ*. Un peu moins de netteté cependant, à partir de cette période, dans les attributions respectives des magistrats.

2° *Période du Curator reipublicæ.* — C'est lui qui résorbera dès lors, graduellement et sans secousse, le rôle administratif des duovirs et des Ediles, et des magistrats secondaires.

Nous avons vu par quelle série d'annexions il se développe : à l'origine simple *curator* aux successions, bientôt puisant dans son caractère de fonctionnaire et de tuteur un prétexte pour s'adjuger peu à peu les actes qu'il était appelé à surveiller. Cependant le duovirat subsistait, orné de son titre, de fonctions apparentes, d'une juridiction décriée. Mais dans le domaine de l'action, rien ne lui restait de sérieux, à part quelques décisions, succédanés de l'inutilité. L'arbre ne se soutenait plus que par son écorce.

Le *curator* est le premier magistrat de la cité, après n'avoir été qu'un modeste délégué ; son émanation du pouvoir central, la haute surveillance dont il est chargé lui justifient ce caractère. Bientôt les textes vont lui conférer sans réticence le titre de *Pater civitatis.*

Il prend rang auprès des duoviri, qui sont ses pairs. Il a l'*honos*, *l'imperium merum*. Il est responsable de son administration, puisqu'il est devenu administrateur.

Il cumule de si nombreuses fonctions, qu'il ne pourra bientôt plus les exercer lui-même, et qu'il lui faudra nommer des coadjuteurs. Il apparaît donc une foule de curateurs subalternes, spécialisés chacun à une branche d'administration, et dont le nombre, le nom, les occupations varient de cité à cité, bien que le principe de leur institution et les principaux d'entre eux soient toujours les mêmes.

Il est donc impossible de donner une liste complète de cette masse de fonctionnaires. Au titre *de muneribus*, le Digeste nous en fournit de longues énumérations. Parmi les différentes charges, *munera* ou *curæ*, relevées dans ces fragments, mentionnons les principales : la *cura kalendarii*, la *cura operum, viarum et ædium*, la *cura annonæ, rei frumentariæ*, les *exactores*, les *curatores ad colligendos civitatum publicos reditus*, le *tabularius*.... etc....

Le caractère commun de chacune de ces charges était d'être subalterne, exécutée pour le compte du *curator reipublicæ*, qui reste le grand chef, seul responsable, seul magistrat d'ailleurs. C'est qu'en effet aucune de ces charges ou *curæ* ne constitue autre chose qu'un *munus*. Ce sont des charges personnelles, sortes de prestations de temps et de bons services, obligatoires pour les citoyens, et rentrant essentiellement dans la catégorie des impôts en nature.

Ce caractère, et la prodigieuse extension des services communaux, fournit l'explication de leur croissante multiplicité. Chaque *cura* constituant une prestation gratuite, et, d'un autre côté, la ruine des citoyens s'accentuant chaque jour, ce caractère de la *cura* conduisit à ne pas écraser de ces prestations quelques-uns au profit des autres. On en voulut donner à tout le monde. Et le principe de la multiplicité des *curæ* municipales semble parvenir de la même source que celui de la multiplicité de l'impôt : il corrige les inégalités.

Voilà pourquoi nulle garantie n'est demandée aux titulaires des *munera personalia*. Cet émiettement des fonctions du *curator reipublicæ* entre les différents curateurs subalternes va nous fournir, par l'étude rapide de leurs attributions, un aperçu de la physionomie nouvelle du pouvoir exécutif au bas-empire.

Citons d'abord la *cura operum* (1). Les travaux publics sont maintenant exécutés par plusieurs *curatores operum publicorum, curatores ad extruenda vel reficienda ædificia publica* (2). Les missions confiées à ce *curator* semblent avoir été diverses suivant les cas. Si les travaux sont exécutés en régie, il a une mission de surveillance, de direction, de haute main. Il peut aussi traiter avec les entrepreneurs (*redemtores*), régler les conditions, préparer des marchés. Quand on le charge directement de faire exécuter les travaux, la question s'est posée de savoir s'il avait ou non un maniement de de-

(1) Cf., *Sur la cura operum*, Herzog (G. Narb. hist.), p. 243 et 244.

(2) Redemtores : munus personale ou patrimonii suivant les cas. « Patrimonii munus erat, si sumptu possessorum, quorum agri viæ adjacebant, munitio instituebatur ita, ut certæ summæ ad tutelam viæ impendendæ ab iis exigerentur ».

« Unde videmus factam esse munitionem viarum aut sumptu publico per redemtores, aut muneris publici ratione, sive personalis, sive patrimonii ». Herzog, *loc. cit.* Cf. égal. Daremberg et Saglio, art. Curatores locorum et operum publicorum.

niers. Bien qu'il reste quelques doutes à ce sujet, nous ne croyons pas impossible que le *curator operum*, chargé de faire les services, touchât à la caisse municipale de quoi en payer les frais journaliers. Nous ne voyons pas dans ce fait, conformément à l'opinion de M. Humbert, une violation de la séparation des ordonnateurs et comptables, ni une preuve de l'existence d'une caisse du *curator reipublicæ*, gérée quelque peu par le *curator operum*. Il n'est pas comptable de ce fait, le questeur municipal duquel il tient les fonds, subsiste auprès de lui ; il y a simplement ce que nous appellerons service régi par économie. Les dispositions d'une comptabilité spéculative et perfectionnée nous permettent de rattacher fictivement la gestion du régisseur à celle de l'ordonnateur, seul titulaire des crédits. Rien de semblable dans le droit romain, étranger à ces idées spéculatives. Il n'y a donc pas lieu de s'étonner de lui voir les deniers en mains : rien n'autorise à lui attribuer la qualité de comptable. C'est un régisseur, voilà tout.

La meilleure preuve, c'est qu'il doit les intérêts des sommes demeurées entre ses mains : il n'a donc pas qualité pour détenir les fonds, qui ne lui sont donnés qu'à charge d'emploi, ou de reversement (1).

Il ne nous paraît pas prouvé que le *curator operum* traitait avec les *redemtores* à ses risques et périls (L. 2, 1°, *de operibus publ.* Dig.). En tout cas la responsabilité du *curator reipublicæ*, à titre de magistrat, n'en était pas diminuée.

Mais le *curator operum* répondait de sa faute (2).

---

(1) L. 17, 7°, *de usuris*, Dig. XXII, I. — L. 9, *de adm. rerum ad. civ. pert.*, princ.

(2) Cf. *sur la cura operum et viarum*, L. 18, 10, D. *de muneribus.* —

Curatores annonæ. La *cura annonæ* pouvait appartenir aux questeurs, aux édiles, au *curator rei publicæ* : mais elle n'en donnait pas moins lieu à de nombreux *munera*. A côté des *quæstores pecuniæ alimentariæ*, nous voyons des *exactores annonæ*, *curatores annonæ*, des *curatores rei frumentariæ*, ou *frumenti comparandi,* chargés suivant les villes, soit de percevoir l'annone en nature, ou d'en rassurer le recouvrement (*exactio*), ou d'assurer les approvisionnements. Disons par anticipation qu'il s'agit là d'actes administratifs, achats, poursuites, marchés, et non d'une comptabilité deniers. L'emploi des fonds est d'ailleurs strictement surveillé (1) et la responsabilité du *curator reipublicæ* s'affirme toujours du fait de ses agents.

Il en était de même de la surveillance des voies et édifices de la cité, confiée à divers *curatores,* sous le titre généralement employé de *curator viarum, ædium, aquæductus, curatores viarum sternendarum*. Il y avait des *curatores templi* pour les édifices religieux. Cette catégorie de fonctions se distingue de la *cura operum* qui s'ap-

---

Orelli-Henzen, 7152, 2206, 2761, 3963, 3964, 4948, 7149, pour les *curatores fani.* id. 122, 2204, 2155, 3716, 3807, 3274, sur la *cura operum.*

Et L. 2, 1, Dig., *de op. publ.* — « Curatores operum negotium habent cum redemtoribus, respublica autem eum his quos efficiendo operi præstituit ».

(1) Cf. *sur la cura annonæ* et les opérations deniers :

L. 18, 5, *de mun.* Dig. L. 9, 6, *de adm. rer.,* id. L. 8, *ad. munic.*

Orelli-Henzen, 2204, 3909, 3965, 3987, 7141, 3722, 4101, 7141, — et 123, 3366, 3677 et ss. pour les questeurs.

Orelli-Henzen, 62, 129, 2390, 2686, 3366, 3720, 3980, 4101, 5123, 6138, 7167, — pour les questeurs alimentaires.

Dict. de Daremberg et Saglio, loc. cit., et art *annonæ, alimenta.*

plique aux travaux neufs, et non aux travaux d'entretien.

Mais le plus important des *curatores* spéciaux était le *curator kalendarii*, dont les attributions forment le plus connu des *munera personalia*. On sait l'importance de la fortune mobilière des cités sous l'empire : le même principe qui avait conduit à spécialiser des *curatores* aux divisions de l'administration, amena également la nomination d'un fonctionnaire chargé de faire rentrer les sommes dues, d'en opérer le placement, d'en exiger les intérêts payables à chaque kalende d'où le nom de *kalendarium* et *curator kalendarii*. Il avait l'*exactio*, également le placement, mais ne répondait que de sa faute. Car c'est au *curator reipublicæ* qu'incombait la responsabilité des débiteurs (1) ; tandis que des caractères opposés se relèvent pour la *cura kalendarii* (2). Et nous verrons malgré de nombreuses opinions contraires que le *curator kalendarii* n'était pas un caissier, mais un administrateur (3).

Mentionnons également dans quelques cités, les *exactores* chargés du recouvrement des créances municipales, investis d'un simple *munus*. Il y avait enfin les *curatores ad colligendos civitatium publicos reditus*, qui nous sont désignés comme remplissant des fonctions plus ou moins analogues.

Tout cet ensemble d'agents exerçait donc pour le compte du *curator reipublicæ*, seul magistrat responsa-

(1) Dig. *De adm. rer.* L. 9, 9° et l. 6.

(2) L. 18, 2, *de muneribus*, Dig. L. IV. — L. 9, 7°, *De adm. rer.* L. VIII.

(3) *Contrà* : M. Brusquet : *des municipes*, p. 55, M. Durant, p. 117, l. 9, princ. *de muneribus*, au Digeste.

ble. La liste précédente nous donne un aperçu de ses fonctions personnelles ou déléguées. De ces différentes attributions se dégage donc, au point de vue budgétaire, un caractère très net d'administrateur de la cité, établissant les revenus, les faisant recouvrer, engageant les dépenses enfin personnellement ou par ses subordonnés.

Mais ce n'est là que la première phrase de l'exécution budgétaire. Il y a lieu à la constatation des droits acquis, il y a lieu à leur paiement. Quelles était donc les règles de la sortie des deniers? Nous retrouvons ici la question déjà visée des ordonnateurs et comptables en droit romain.

Il est établi que la questure subsiste sous le bas-empire, bien que diminuée de quelques attributions. Elle n'a plus que le rôle comptable. Le questeur a perdu ses pouvoirs de poursuites, se rattachant plus logiquement au rôle d'administrateur et cette évolution justifie sa disparition de l'album des magistratures, son classement parmi les *munera personalia*, et jusqu'à son changement corrélatif de nom, *cura ærarii, cura pecuniæ publicæ*.

Nous avons démontré l'existence persistante des comptables vis-à-vis des administrateurs, et la séparation effective de ces deux fonctions. Il reste à établir que ces comptables avaient le monopole des opérations de caisse. Nous verrons ensuite les rapports de ces caisses avec l'administration.

On a en effet soutenu que deux catégories d'administrateurs, le *curator kalendarii*, le *curator rei frumentariæ*, et même dans certains cas le *curator operum* possédaient des caisses distinctes sur lesquelles étaient effectués les paiements relatifs à certaines dépenses municipales.

Pour faire justice de cette théorie il suffit de préciser le rôle de chacun d'eux, le *curator kalendarii* d'abord.

A l'origine.c'était au duumvir qu'appartenait le recouvrement et la poursuite des valeurs mobilières communales : il n'en est pas moins certain que ce duumvir n'avait pas de caisse, détenteur qu'il était à charge d'un immédiat reversement, sous peine d'être constitué débiteur des intérêts. Or le *curator reipublicæ*, dont le *curator kalendarii* n'est qu'un représentant, succède aux attributions des duumvirs. Il est donc logique de donner le même rôle au *curator kalendarii*, et ce sont ces fonctions, et rien que ces fonctions qu'il convient de lui attribuer en l'absence de tout texte : et c'est par extension que pèche l'opinion de M. Bouchard (1). Or aucun texte ne confie au *curator kalendarii* un maniement de deniers. Bien loin de là, c'est le contraire qui est formellement établi.

Le Code Théodosien (2) ne parle aucunement de la *tractatio pecuniæ*, mais simplement de « *pecuniam exigere* ou *convenire* ». Est-il permis d'en conclure que le *curator* avait le maniement des deniers dont les textes ne lui donnent que la poursuite ? Et de ce qu'un huissier poursuivant encaissera les espèces, en fera-t-on un receveur municipal ? Que si l'on remarque au contraire avec quel soin le Code Théodosien distingue les *exactores* des *susceptores*, — qu'il leur consacre même deux titres distincts (3), — si l'on note la nouvelle distinction opé-

(1) Bouchard, *Etude sur l'administration des finances de l'Empire romain.* Thierron de Monclin, p. 106. Quinion, p. 63.
(2) XII, II, 1.
(3) Code Th., XIII, 8. C. Just., XII, 51, *de executoribus* et *exactoribus.* C. Th., XI, 7° et C. Just., X, 19, *de exactoribus tributorum,* pour les *exac-*

rée (1) entre *l'exactor*, le *tabularius* et *l'arcarius*, aucun doute ne demeure possible sur la distinction profonde et indéniable de ces deux ordres de fonctions. Le *curator kalendarii* ne pouvait avoir que des opérations d'*exactio*, puisqu'il existe partout, et que partout aussi un *arcarius* figure à côté du *tabularius*. Son rôle devait d'ailleurs suffire largement à l'occuper, si l'on considère la situation financière de la période où on l'institue. Il n'est pas même jusqu'au Digeste qui ne distingue l'*exactio* de la *susceptio* : « *qui annonam suscipit, vel exigit, vel erogat.* » (L. 18, 8°, Dig. *de muneribus*). Celui qui encaisse le produit de l'annone (*suscipit*), ou celui qui en poursuit la rentrée (*exigit*), ou celui qui en prescrit l'emploi (*erogat...* Cf. « *pecuniam erogandam decernere* », délivrer un mandat de paiement) (2) ».

Si l'on faisait d'ailleurs un caissier du *curator*, il faut avouer qu'on n'en exigeait pas grandes garanties, puisque nous le voyons dispensé de caution (3).

Disons donc que le *curator kalendarii*, loin d'être un caissier, n'était qu'un administrateur, chargé des importantes fonctions de la rentrée des fonds. Nous avons prouvé déjà que le *curator operum* n'avait rien non plus des fonctions comptables, bien que pouvant servir parfois d'intermédiaire entre les créanciers et le trésor communal. Quant à la caisse du *curator reipublicæ*, elle existe encore moins que les autres, puisqu'elle n'en serait que la centralisation, puisque le *curator reipublicæ*

---

tores, et d'autre part C. Th., XII, 6. Code J. X, 70, pour les *susceptores* et *arcarii*.

(1) C. Th., X, 24, 1°.

(2). Cf. G. Humbert, I, p. 217 et ss.

(3) L. 9, 7°. Dig. L. 8.

était administrateur, et qu'il est distinct du comptable *arcarius*, *susceptor*, que tous les textes nous mentionnent en regard de lui. Et l'on ne peut concevoir un *arcarius* sans *arca*; il n'est point, du moins à cette époque reculée, de caissier sans caisse.

Ce qui n'empêche pas qu'il n'y eût d'autres caissiers que le questeur municipal, tels que le *quæstor pecuniæ alimentariæ*, ou *rei frumentariæ*. Il n'y a là qu'une pluralité de caisses, déjà visée.

Nous pouvons donc conclure d'ores et déjà que des fonctions du *curator reipublicæ*, ainsi que de celles de ses subordonnés, les manutentions de deniers étaient soigneusement éliminées.

Il nous reste à préciser comment s'établissent entre l'administration et les comptables, les opérations financières de recette et de dépense.

Pour le recouvrement des recettes, le *curator reipublicæ* est chargé de l'assurer lui-même, ou par l'entremise de ses agents. Nous avons vu que les *exatores* sont nombreux : le *curator kalendarii*, le *curator ad colligendos civitatium publicos reditus*, l'*exactor annonæ*, le *curator rei frumentariæ*, les *sitones* ou *olearii*, et tant d'autres dont les noms, les charges, les responsabilités même, variaient d'un endroit à l'autre, en se modelant aux besoins.

Pour déterminer le mode suivant lequel était opéré le recouvrement des deniers municipaux, il suffit de se rappeler les rôles respectifs de l'administrateur et du comptable. A l'administrateur l'*exactio*, au comptable l'encaissement définitif. On peut donc concevoir les *curatores* recherchant la matière imposable et ses détenteurs, appliquant les tarifs, surveillant l'entrée des marchandises payant les droits de douane, collaborant en un mot, chacun dans son département, à l'assiette de l'impôt et du revenu municipal : il est certain qu'ensuite ils faisaient les diligences, opéraient les poursuites, obtenaient le paiement soit entre leurs mains, soit à la caisse du questeur. Les deux systèmes paraissent avoir été employés. L'un et l'autre sont des actes de gestion : « *gestum autem accipere debemus pecuniam publicam tractare, sive erogandam decernere* (1) ». Et la loi 4, *de residuis* (2), considère comme crime de rétention de deniers publics le fait de les avoir indûment retenus « *pecuniam publicam in usus aliquos acceptam* », le tout sans préjudice des intérêts de retard.

Relativement au recouvrement des revenus, un rôle capital est tenu par le logographe ou *tabularius* de la cité, dépositaire des rôles, et remettant aux agents de poursuite, ou *exactores*, les *breves* ou états nominatifs des contribuables et des restes à payer, vérifiés par un procédé de contrôle spécial, qui sera ultérieurement exposé.

En matière de dépense, quelles étaient au juste les fonctions du *curator* ?

Nous savons qu'elles étaient engagées par lui : il s'agit de la phase de la liquidation et de l'ordonnancement.

Le *curator reipublicæ* a certainement le rôle d'ordonnateur des dépenses de la cité. C'est en vertu d'un acte émané de lui, quel qu'en fût la forme, que sont payés les créanciers de la ville (3). L'ordonnancement se dit : « *constituere* ou *jubere solvi, jussio percipiendi* ».

Il est d'ailleurs naturel que celui qui fait la dépense

(1) L. 2. Dig., *ad municipalem.*
(2) Dig., XLIII, 13.
(3) L. 3, 2°. Dig., L. VIII.

ait qualité pour en opérer la liquidation et la mandater.

On a voulu avancer que l'ordonnancement n'était pas toujours effectué par le *curator*, que la Curie ordonnançait quelquefois les dépenses effectuées. Il suffit, pour combattre cette façon de voir, de faire observer que si l'on voit des décurions chargés de différentes *curæ* municipales, « ce fut comme curateurs spéciaux, remplissant individuellement le rôle de pouvoir exécutif, ou de magistrats, pour gérer l'administration, ou même par exception les fonctions de caissier (1) ».

Quoiqu'il en soit le curateur reste l'ordonnateur de droit des dépenses municipales. Au caissier le paiement.

De quelque nom qu'on le désigne, *quæstor*, *curator ærarii*, *susceptor*... le comptable, à l'avenir investi d'un simple *munus*, encaissera les recettes, fera toutes les dépenses. Nous trouvons dans les textes le mécanisme du paiement parfaitement décrit.

Le contribuable ou débiteur recevait une quittance ou *apocha*, ou encore *securitas* : mais sa libération n'était complète qu'à charge pour lui de faire viser par le *tabularius civitatis* cette quittance délivrée par le comptable. Ce procédé de contrôle est le fait le plus frappant de la comptabilité romaine, si on le rapproche du procédé des récépissés à talon inaugurés chez nous en 1833 après le déficit Kessner. Le *tabularius*, sur présentation de la quittance, lui donnait la publicité, l'authenticité et la force libératoire par un enregistrement *apud acta*, c'est-à-dire sur les registres spéciaux des archives de la commune ; cela fait il l'inscrivait en marge du registre con-

(1) G. Humbert, II, p. 303.

tenant le rôle des contributions et restes à payer, et qui serviront aux *exactores* de titres de contrainte. La libération irrévocable du débiteur résultait de l'accomplissement de ces formalités (1). Les registres du *tabularius* prévenaient donc les doubles emplois, les *exactiones* illégales, les collusions avec le débiteur qui aurait allégué un paiement fictif, et produit de fausses quittances. Il y avait là un contrôle manifeste des actes de l'administration et du caissier.

En matière de dépense, sur présentation du titre du créancier, le questeur effectuait le versement sur quittance ou *apocha* de la partie prenante. L'enregistrement de cette quittance par le *tabularius* n'est indiquée par aucun texte, mais l'hypothèse de cette formalité est assez plausible : il y aurait eu alors les éléments d'une comptabilité contradictoire complète, pour les recettes et les dépenses, et les bases d'un contrôle absolu de la situation de caisse.

Le titre sur lequel payait le questeur était généralement un mandat de paiement : « *jubere solvi, pecuniam constituere...* » Il peut se faire aussi que ce mandat ne fut pas exigé dans tous les cas, puisque sur les registres du *tabularius* figurait l'état des créanciers de la commune, et qu'une seule inspection de ce registre eût pu servir de titre aux yeux du questeur, une fois l'identité des parties vérifiées.

Une différence à faire avec notre système de comptabilité. Il ne paraît pas que le caissier ait eu aucun examen à faire du titre du créancier, au point de vue des services faits, des pièces justificatives..., etc. Ce contrôle tel qu'il

(1) C. Th. XI, 1. — XII, 6, 27. — XI, 25, 1°. — XII, 1, 173 XII, 6, 18. — C. Just. X, XXII. 3, 4.

est organisé chez nous n'a pour raison d'être que la quasi-irresponsabilité des ordonnateurs, que nous contrebalançons par la surveillance des agents de paiement. Or la responsabilité des ordonnateurs, à Rome, rendait superflu tout ce qui peut avoir trait à cette procédure.

— Nous nous séparerons sur ce point, par conséquent, de l'opinion exprimée par M. Humbert (tome I, page 251).

—- Nous ne croyons pas que le questeur fût juge du bien fondé des titres, même au cas de dépassements de crédits.

Telles étaient à grands traits les lignes directrices de l'exécution budgétaire à cette époque. Nous y voyons l'administration établissant et poursuivant le recouvrement des deniers, engageant les dépenses, ordonnançant les mandats — en regard d'elle, des *arcarii* ou *susceptores* chargés de la partie comptable, investis d'ailleurs d'un simple *munus*. Sauf la garde de la caisse, la validité matérielle des recouvrements et paiements, rien ne leur incombe : toute la responsabilité reste aux ordonnateurs. Bien que l'étude de ce dernier point ressorte davantage au droit public qu'au droit budgétaire, nous dirons un mot cependant de cette responsabilité des administrateurs, qui forme le trait le plus original du droit administratif à Rome.

III. — De la responsabilité des Magistrats.

Faisant naturellement abstraction du cas où le magistrat avait causé à la commune un préjudice résultant d'un acte délictueux, nous ne parlerons que du cas où l'acte est régulièrement fait en vertu de ses fonctions.

— Les délits l'exposaient à de sévères condamnations, prévues pour les cas de *corruptio*, de détournement de fonds, de *peculat*, et pour ce crime enfin dont le vocable n'a pas de traduction dans notre langue, la *concussio*.

Mais il s'agit du cas où le magistrat, par son administration, a compromis les intérêts de la ville.

Le magistrat répond de sa faute : une action est donnée contre lui et contre ses héritiers, avec tous les caractères d'une réparation civile.

D'importantes garanties sont données de ce chef aux cités : elles se divisent en garanties réelles et personnelles. Après avoir prêté un serment dont la formule nous a été conservée, le magistrat doit fournir un cautionnement, *prædes* et *prædia*. Comme garantie personnelle, il doit fournir caution, et cette caution, conformément au droit commun, répond des « faits de charge » pour lesquels elle a été constituée.

Enfin des cautions tacites viennent compléter l'ensemble du système. C'étaient :

1° Pour le *filius familias* à la nomination duquel le père ne s'est pas opposé, le père de famille lui-même tenu de la gestion de son fils ;

2° Tout magistrat sortant devait présenter son successeur dont il était considéré comme le *nominator*, et répondait de sa gestion ;

3° Les magistratures formaient un collège, et chaque magistrat ayant le droit d'*intercessio*, la gestion de l'un était garantie par son collègue.

Des lois spéciales, dont l'examen serait hors de place ici, fixaient l'ordre des recours de la cité contre ces différents répondants, qui se récupéraient de l'un à l'autre, généralement par l'action de gestion d'affaires.

Enfin, comme garantie supplémentaire; on assimila les villes à des mineurs, et la *restitutio in integrum* leur fut dès lors ouverte.

Nous avons mentionné ces différentes responsabilités des administrateurs, car elles nous fourniront, à propos du contrôle du budget, l'explication de l'importance des comptes des administrateurs, au détriment de ceux des comptables.

CHAPITRE IV

En étudiant, dans une administration aussi avancée que celle du monde romain, le contrôle des finances, il y aura lieu d'y rechercher les lignes principales du contrôle établi dans la comptabilité des pays modernes. Il n'y a là aucune interversion ni transposition de législations : car les règles de notre comptabilité reposent sur une analyse profonde et essentielle des différentes branches de responsabilités qui peuvent se présenter à propos d'opérations financières sous un régime de séparation de pouvoirs. Tout système comptable, n'ayant pour raison d'être que le règlement de l'exécution des services en vue d'un contrôle final, retombera forcément dans ces distinctions, avec plus ou moins de netteté, avec plus ou moins d'écart. La distinction des pouvoirs délibérants et de l'exécutif, devra nécessairement nous faire retrouver les traces :

1° D'un contrôle permettant à l'autorité budgétaire de vérifier l'exécution fidèle des services votés, et correspondant à ce que nous appelons la comptabilité législative. L'élément de ce contrôle sera la reddition des comptes du pouvoir exécutif ;

2° D'un second contrôle assurant au pouvoir exécutif une efficace surveillance sur ses agents subordonnés, en vue de protéger sa responsabilité ; c'est le contrôle administratif ;

3° D'un troisième contrôle chargé de connaître du contentieux des questions qui pourront s'élever à raison des deux contrôles précédemment cités ; ce sera le contrôle judiciaire.

Leur fonctionnement se trouvera forcément plus ou moins accusé. Ils formeraient les théorèmes fondamentaux d'une étude de droit budgétaire généralisé sous une constitution parlementaire quelconque. Sur cette triple base, notre comptabilité publique, par les procédés d'une savante et profonde analyse, et d'un contrôle contradictoire et réciproque, a su édifier l'édifice majestueux de simplicité que l'Europe nous envie. Si nous retrouvons dans la comptabilité romaine la triple distinction des trois contrôles, leur perfectionnement respectif ne sera pas autant poussé dans les détails. — Leur étendue et leur limitation respectives nous offrira même de notables différences ; des lacunes tout entières rompront la symétrie du système. La différence du droit administratif romain et du nôtre explique une part de ces dissemblances, ainsi que l'absence des idées théoriques et spéculatives en matière de comptabilité. Les vues d'ensemble et de généralisation, apanage exclusif de l'évolution moderne, semblent avoir sur ce point fait défaut à l'antiquité.

Nous étudierons donc rapidement, dans leurs physionomies individuelles, chacune des branches correspondant à nos trois contrôles, et que nous appellerons en droit romain :

1° Contrôle exercé par l'autorité budgétaire ;

2° Contrôle administratif ;

3° Contrôle judiciaire.

I. — Contrôle de l'autorité budgétaire.

Le contrôle s'appuyait sur un système d'écritures régulièrement tenues, et dont les différentes lois municipales révèlent spécialement l'importance. Nous savons comment chaque décret de la Curie était enregistré sur les registres publics — comment les baux et marchés, les titres quelconques existant pour ou contre la ville, en un mot comment tout ce qui concernait les finances municipales était méthodiquement classé sur des états régulièrement tenus, archives, *kalendarium, acta, breves...*, le tout sous la garde des scribes et *scrinia*, du *tabularius,* du *curator kalendarii.* Il y a là d'ailleurs conformité avec l'esprit essentiellement archiviste du peuple romain : lorsqu'on se rappelle avec quel soin étaient tenues les écritures des banques et maisons de commerce dans l'antiquité, l'importance des écritures privées, l'on ne peut que conclure en faveur d'une description perfectionnée des opérations effectuées sur les deniers publics. L'élément de vérification de tous les contrôles devait donc être des plus sérieux.

Le pouvoir exécutif au moyen de ces registres, pourrait rendre à l'autorité budgétaire des comptes détaillés, et c'est en effet ce qui avait lieu (*Lex Mal.*, 41). Les principes du droit public à Rome sont en concordance absolue avec la forme et l'importance de ces comptes.

Car les administrateurs et les comptables rendaient à l'autorité budgétaire des comptes distincts. Mais les seuls, les véritables comptes étaient ceux des administrateurs, en vertu du système romain de la responsabi-

lité de l'administration. Chez nous au contraire le compte
de l'administrateur, dépourvu des garanties effectives,
n'est guère rendu que pour ordre : c'est par excellence
un compte tout moral. Voilà pourquoi la séparation des
fonctions administratives et comptables est devenue la
règle la plus essentielle de notre comptabilité publique,
par le parti inattendu qu'on en a pu tirer pour le contrôle de l'administration par l'agent des recettes et dépenses. Dépourvus de garanties contre le pouvoir exécutif, une protection indirecte nous répond du moins de
l'emploi justifié des deniers : le comptable aura sur l'ordonnateur des dépenses une surveillance garantie par
sa propre responsabilité personnelle. S'il ne connaît pas
de l'acte en lui-même, l'irrégularité financière est du
moins soumise à son investigation. Ce procédé ingénieux,
quoique un peu bâtard, corrige l'imperfection de notre
droit public : les bons résultats qu'il donne en font d'ailleurs entièrement oublier le manque de logique. — A
Rome au contraire, nul besoin de donner au comptable
un semblable rôle : il n'y aura donc pas besoin de rechercher pied à pied dans son compte ce qui peut con-
cerner l'ordonnateur de la dépense. Et voilà pourquoi le
mandatement appuyé de certifications administratives
ne paraît pas avoir été dans l'antiquité la condition *sine
qua non* de toute espèce de paiement.

Le compte essentiel était donc le compte des magistrats : celui du comptable, bien que rendu avec une mi-
nutie toute particulière, n'offrait pas un caractère d'utilité aussi accusée.

Quels magistrats rendront ces comptes ? et à qui se-
ront-ils rendus ?

Quand la centralisation amena en effet le doublement

de l'autorité budgétaire, chacune d'elles dut pouvoir exercer un contrôle effectif.

C'est donc à l'origine la Curie, qui a seule prescrit la recette, autorisé la dépense, qui jugera souverainement le compte des duumvirs : « *Quique rationes communes, negotium-ve quod commune municipium ejus municipi gesserit, tractaverit, is, hæres ejus,.... in diebus XXX proxumis quibus ea negotia eas-ve rationes gerere, tractare, desierit, quibusque decuriones conscripti-ve habebuntur, rationes edito.....* (1) ». De nombreux textes témoignent assez de cette régulière reddition de comptes.

Lorsque, entré dans l'administration communale, le Prince, de pair avec la Curie, régla les votes budgétaires, c'est de la même période que date ses pouvoirs corrélatifs du règlement définitif des comptes, lesquels sont apurés par son gouverneur (2). – L'évolution s'est poursuivie.

Ce contrôle des autorités budgétaires pouvait s'exercer de deux façons, soit par une surveillance contemporaine des gestions, soit par un examen rétrospectif. Les deux formes en seront donc l'inspection et la reddition de comptes. Nous savons qu'au bas-empire l'empereur par des inspecteurs (*curiosi, mittendarii*), vérifiait l'état des finances sur toute l'étendue du territoire. Il est probable que les finances municipales, si intimement liées à cette époque aux deniers de l'empire, n'échappaient pas à ces investigations.

La reddition de compte constituait un mode de contrôle plus régulier, plus normal et plus efficace.

---

(1) *Lex Malac.*, 41.
(2) Pline, *Epist.*, X, 50. — C. J. X, 31, 41, *de curionibus.*

Le magistrat rendait compte de tous les actes qui avaient engagé le patrimoine de la cité. Nous savons que ce compte portait non seulement sur la matérialité des actes relativement aux crédits, mais sur l'utilité qu'en avait retiré la commune. La Curie et le gouverneur avaient donc à viser non seulement la conformité des dépenses avec les crédits, mais également la bonne gestion du magistrat. Cette physionomie de la reddition des comptes est absolument spéciale à l'administration romaine.

Quel était le caractère de cette décision rendue par l'autorité budgétaire ? Il n'y a pas lieu à assimiler, surtout à Rome, le pouvoir exécutif à un mandataire de la Curie, et la reddition de comptes à une ratification de mandat. Disons donc que la Curie donnait au magistrat décharge de sa gestion. Cette décharge formait une sorte de transaction entre le Sénat et son agent, à raison des responsabilités possibles encourues par lui dans l'exercice de ses fonctions.

Cette décision, quoique souveraine en principe n'en était pas moins annulable en cas de dépassement de pouvoirs, par exemple au cas d'un *quitus* non justifié donné par la ville, et qui peut être considéré comme une de ces libéralités interdites aux décurions. Puis, ces comptes, bien que rendus et apurés, sont sujets à révision pendant un délai de vingt années, s'il s'agit du fonctionnaire, de dix ans, si l'on s'adresse à ses héritiers (1). On peut à toute époque relever une erreur de calcul.

Enfin, en cas de contestation sur un article d'un compte, relativement aux responsabilités encourues, il y avait lieu d'engager une instance suivant les principes

(1) L. 13, 1°, Dig., XLIV, 3.

du droit commun à cette époque, ainsi que nous le verrons en traitant du contrôle judiciaire.

Quant à la procédure de ces redditions de comptes,
mentionnons seulement le délai de 30 jours dans lequel
ils devaient être rendus. Passé quoi, le contrevenant
pouvait être actionné en reddition de comptes. Les *gesta
municipalia*, enregistrement par les scribes des actes des
magistrats, les *acta magistratum*, les *rationes* et *acta
publica* fournissaient les éléments d'une reddition de
compte faite d'office.

Le questeur, lui aussi, rendait des comptes à la Curie,
et plus tard au gouverneur. Mais il n'y avait là, répétons
nous, qu'une simple comptabilité de caisse, d'entrées et
de sorties de deniers, avec justification de ces seules
opérations. Il n'y était pas justifié de la réalité des services, établie au compte de l'administrateur.

Mentionnons le système ingénieux, déjà visé, de l'enregistrement des actes du comptable par des *annotatores*
celui des quittances par le *tabularius*, qui détient également les états nominatifs des titres divers. Il y avait
là par conséquent les éléments surabondants d'un contrôle contradictoire de la caisse, très probablement utilisés.

Mais notons également que les romains ne paraissent
pas s'être élevés à la conception d'une comptabilité contradictoire des ordonnateurs et des comptables, avec
vérification automatique par simple rapprochement.
Aucune mention ne nous en est faite dans les textes, et
dans leur silence, nous pensons, contrairement à l'opinion de M. Humbert, qu'il n'est pas possible de suppléer
à cette abstention. Les Romains d'ailleurs ne paraissent
pas avoir utilisé en ce sens la séparation d'attributions,

par le dégagement de cette idée élémentaire que du moment que la séparation est rigoureusement observée,
toute opération d'un ordonnateur aura dans les caisses
une contrepartie de chiffre égal. Il en a été bien longtemps de même dans nos finances, ou malgré la séparation des fonctions comptables et administratives, l'idée
d'un contrôle réciproque ne s'était pas encore fait jour.

Une raison s'opposait d'ailleurs péremptoirement à
ce rapprochement. Pour l'établir, il est nécessaire d'arrêter à des dates semblables les comptes des deux catégories d'agents, en même temps que de déterminer
scrupuleusement l'identité des faits d'une même gestion,
présentée par divisions semblables : autrement les deux
éléments de comparaison ne pourraient jouer entre eux.
Or il ne paraît pas que rien de semblable ait été connu
à Rome ; on n'y a pas distingué l'exercice de la gestion,
et les comptes par divisions budgétaires devaient être
d'autant moins usités qu'un budget par divisions ne
semble pas avoir été employé. Les comptables rendaient
des comptes de gestion : les magistrats des *rationes* isolées des actes exécutés en conformité des décrets, dans
les 30 jours de leur exécution : « *in diebus XXX proxi-
mis quibus ea negotia gerere, tractare desierit.....* ». (*Lex
Malac.*). Tout rapprochement était donc impossible.

Néanmoins les écritures tenues par l'Administration
étaient un sérieux élément de contrôle, de même qu'elles étaient l'élément le plus sérieux de la comptabilité
administrative.

II. — Contrôle administratif.

C'était le contrôle exercé par les magistrats sur les agents subordonnés chargés d'exécuter pour leur compte les différents services votés.

Le *curator reipublicæ* avait différents moyens de sauvegarder, du chef de ses subordonnés, sa responsabilité principale. Outre les écritures que nous avons mentionnées, dont sa surveillance pouvait se servir, il ne répondait que des actes accomplis en conformité de ses instructions. Tout dépassement de pouvoirs restait à la charge du *curator* subalterne, quoiqu'il ne fût investi que d'un simple *munus*. Et nous voyons que le *curator* répond de sa faute ainsi que de son dol. On a soutenu que c'était même à ses risques que le *curator operum* traitait avec des *redemtores*. En tous cas, il devait personnellement les intérêts de sommes à lui confiées, et indûment retenues.

Mais le plus sérieux contrôle était exercé sur des caisses, par l'intermédiaire du *Tabularius*.

En matière de recette, le *tabularius civitatis* recevait l'état préalable des sommes à recouvrer ; un enregistrement immédiat en avait lieu *apud acta*, c'est-à-dire sur les registres de la commune. — Des extraits, ou *polyptici libri*, formaient la matrice du rôle des contributions, dont le *tabularius* délivrait copie aux différents *exactores* chargés d'en poursuivre la rentrée. Tout titre de perception émanait donc de lui, et les doubles emplois, les exactions n'étaient pas à craindre : ses écritures désintéressées fournissaient donc un élément absolu de contrôle vis-à-vis des différents agents chargés de *l'exactio*.

Vis-à-vis du questeur ou *susceptor*, une garantie plus profondément étudiée encore venait compléter le système. Les quittances, *securitates*, *apochæ*, n'étant libératoires qu'à charge d'enregistrement par le *tabularius*, les dissimulations de recette étaient impossibles.

Les trop perçus étaient également évités : car l'enregistrement en marge des rôles prévenait aussi bien l'exaction de l'agent des poursuistes, que le double perçu du collecteur.

Il y avait enfin impossibilité de paiements fictifs et de falsifications de quittances.

Si l'on admet que pour les dépenses fonctionnait un système analogue, il est impossible de trouver un procédé de contrôle automatique plus intelligent et plus parfait.

III. — Contrôle judiciaire.

Ici malheureusement ne se retrouve pas une semblable perfection. Le contrôle judiciaire est aussi bien le point faible de la comptabilité des cités que celui de toute la comptabilité romaine. Le vice originel est dans la séparation insuffisante des pouvoirs administratif et judiciaire, que nous trouvons réunis aux mêmes mains, et rendant des décisions dont le caractère administratif ou juridictionnel n'est pas toujours déterminé d'une façon suffisante.

Il y a cependant lieu de distinguer le contentieux proprement dit de la répression pénale.

Il n'y avait pas de juridiction financière spéciale : ces

questions étaient connues par les juges de droit commun en matière d'administration. A ce point de vue la législation ancienne a malheureusement manqué de stabilité. Ce qui domine, c'est le système des *cognitiones extraordinariæ*, mais l'agent chargé de connaître du litige varie suivant les époques.

Le Gouverneur, le *rationalis*, l'Evêque sont tour à tour chargés de la juridiction en matière de comptes ; et dans la plupart des cas on ne sait si leur décision est un jugement ou une simple mesure administrative. Il en est de même du *Defensor civitatis*, auquel nous voyons attribuer, à une époque avancée du droit, une juridiction sur de petites affaires en matière de comptabilité, notamment le trop perçu, ou le trop exigé du contribuable (1).

La juridiction répressive avait des caractères plus nets et plus accusés. Bien que ne rentrant aucunement dans le cadre de cette étude, une rapide énumération des différents crimes de la législation financière pénale, nous donnera un aperçu curieux des idées romaines sur les devoirs des magistrats.

Le plus connu est le crime de concussion, *repetundæ pecuniæ*. Bien que le Digeste ait classé sous ce titre (2) une série de délits plus ou moins divers, on peut dire que la concussion « se réduisait, en dernière analyse, pour tout fonctionnaire, au fait d'avoir, directement ou indirectement, reçu ou perçu une valeur non due, ou un présent, afin de remplir ou de ne pas remplir son devoir, ou de prononcer ou non un jugement (3) ».

---

(1) C. Th. I, XXIX, 2, 5. — C. J. I, 55, 3, *de defensoribus civitatum.*

(2) Dig. *de repetundis.*

(3) G. Humbert, t. II, p. 163.

Très modifiée par la jurisprudence, la concussion entraînait une série de peines plus ou moins graves, suivant les cas, et les délinquants. Cela variait entre la déportation, la restitution, l'infamie, la condamnation au quadruple, et quelquefois même la peine capitale.

Il ne faut pas confondre la concussion, que nous donnons comme traduction libre du crime *de repetundis*, avec le crime de *concussio* qui ne tarda pas à s'en différencier.

La *concussio* (*de concutere*) n'a pas d'équivalent dans notre droit. Elle désigne le fait d'avoir, par dol ou violence, extorqué de l'argent à quelqu'un, en se présentant comme muni à son égard de pouvoirs imaginaires. Elle pouvait parfois entraîner la peine de mort.

Le crime de faux (*Lex Cornelia de falsis*), visait aussi certains détournements de deniers publics. Mais le vrai type du détournement était le *péculat*, qui exposait également à la déportation, ainsi qu'à l'interdiction de l'eau et du feu.

Le *peculatus*, ou détournement dolosif de deniers, se distinguait du délit de rétention de deniers publics, ou *residuæ pecuniæ*. C'était une détention illégale de fonds, par exemple le fait d'avoir trop longtemps gardé des sommes remises pour un achat de grains..... Il semble quelque peu correspondre, sauf le caractère pénal, à nos comptabilités occultes.

Mentionnons enfin le crime d'*ambitus*, qui semble venir d'un détournement de pouvoirs en matière financière, par exemple du fait d'avoir établi des impôts sans le consentement du prince.

Il y a, en dernier lieu, sujet de mentionner comme résultant davantage des textes que nous avons étudiés, les différents délits innomés mais sanctionnés d'amendes énormes (de 5.000 à 10.000 sesterces), et consistant pour les magistrats chargés de l'exécution budgétaire, à ne pas remplir fidèlement les décrets de la Curie. Les lois de Malacca, de la colonie Julia Genetiva, et de Salpenza nous en donnent presque à chaque chapitre des exemples nombreux.

DROIT FRANÇAIS

DE LA

COMPTABILITÉ DES FABRIQUES

Par un principe supérieur de droit public, et presque contemporain de l'organisation des sociétés, des personnes administratives inférieures reçoivent de l'autorité et dans un but de décentralisation, une part déléguée de l'administration d'intérêts collectifs, quoique différents et spéciaux suivant les lieux ou les personnes. Au Gouvernement reste le soin de pourvoir aux intérêts généraux et communs à l'ensemble des collectivités : administrer sera le reste. On ne gouverne que de loin ; on n'administre que de près. L'administration semble être un gouvernement de détail, différentiel et spécialisé. Les établissements publics en forment chez nous les ramifications dernières. Ils sont, à les envisager d'une certaine façon, des unités administratives.

Ils ont la personnalité civile, à fin de pouvoir posséder, et appliquer à l'ensemble des services qui leur sont confiés, des ressources autonomes. Pour l'emploi de ces deniers, les établissements publics sont astreints à certaines règles dont l'ensemble constitue la comptabilité publique.

La loi de finances du 24 janvier 1892 a soumis à partir du 1ᵉʳ janvier 1893, les comptes et budgets des fabriques et consistoires à toutes les règles de la comptabilité des autres établissements publics (art. 78). En application de cette disposition le décret du 27 mars 1893 a ramené au type uniforme et normal de la comptabilité publique la gestion de leurs deniers, qui s'en écartait en plusieurs points.

On entend, en droit administratif, sous le nom de comptabilité l'ensemble des règles relatives à l'exécution des services financiers, sous la sanction d'un contrôle.

Or ces services, pour les établissements publics, se limitent au cadre annuel des opérations budgétaires. Le budget est l'acte portant autorisation préalable des recettes et des dépenses. L'acte budgétaire est d'ailleurs, dans toute unité administrative, d'un type uniforme et supérieur : nulle dépense, nulle recette, ne pouvant avoir lieu que sur l'avis d'un pouvoir distinct de l'agent d'exécution, et sous la restriction des droits de tutelle de l'autorité. L'uniformité de cette règle, et l'importance capitale des budgets en font l'objet le plus considérable de la comptabilité des deniers publics.

Et chez les administrations inférieures, qui n'ont en dehors ni recettes ni dépenses effectives, où les opérations *hors budget* ne figurent que pour mémoire, il y a adéquation totale des règles budgétaires et de comptabilité. C'est donc autour des différentes phases budgétaires que se viendront réunir les règlements comptables : Le bugget en formera la ligne directrice, le centre de groupement, la nervure et la raison d'être. Et l'étude de la comptabilité des fabriques se limitera donc à celle de leur droit budgétaire.

Antérieurement à la régulière exécution des services il sera nécessaire d'exposer la condition préalable de tout engagement direct de recette ou de dépense : c'est l'établissement régulier d'un budget par l'autorité compétente. Enfin, l'exécution de ces services s'effectuant sous la sanction finale d'un contrôle, le contrôle du budget de la fabrique formera la dernière partie de cette étude.

Nous traiterons donc sous quatre titres :

1° De l'autorité budgétaire ;

2° De l'établissement du budget ;

3° De l'exécution du budget ;

4° De son contrôle.

TITRE PREMIER —

De l'autorité budgétaire.

———

Possédant la plénitude du pouvoir exécutif de la fabrique, c'est au bureau des marguilliers que devra logiquement incomber l'initiative des projets budgétaires. Et c'est à lui effectivement que le décret de 1809 confère expressément ce soin.

« Le bureau des marguilliers dressera le budget de la fabrique et préparera les affaires qui doivent être portées au Conseil : il sera chargé de l'exécution des délibérations du Conseil, et de l'administration journalière du temporel de la paroisse ».

Dressé conformément aux circulaires et instructions ministérielles, le projet remis à l'autorité budgétaire recevra d'elle sa forme et son règlement définitif.

Cette autorité n'est pas unique, et le divise suivant le rôle qu'elle joue en autorité délibérative, consultative, et réglementaire.

Les attributions délibératives appartiennent au Conseil de fabrique.

Dans la séance du premier dimanche après Pâques, dit de Quasimodo, le Conseil de fabrique reçoit le projet de budget, le discute, l'approuve et le modifie.

Il a d'ailleurs, relativement à cette discussion, un souverain pouvoir d'appréciation, pouvant à son gré

déterminer le chiffre des articles proposés, réduire ou
supprimer les dépenses, modifier les prévisions, évaluations.. etc. Une distinction est cependant à faire suivant qu'il s'agit de recette ou de dépense. Si le Conseil a
le pouvoir de modifier les recettes qui lui paraîtraient
excessives comme prévisions, de les réduire, de les arrêter à des chiffres plus ou moins élevés, il lui sera cependant nécessaire de se conformer à certaines règles ;
les réductions qu'il opérera, pour être discrétionnaires,
n'en seront pas moins motivées. Les recouvrements
fixes, et résultant de créances arrêtées doivent à peine
de dissimulations, être portées pour leur montant inté-
gral, pour se conformer aux règles supérieures de la
sincérité et de l'universalité budgétaires. Les recettes
variables, dépendant d'événements futurs, et dont il est
impossible de prévoir le chiffre, doivent figurer pour
une moyenne. Ce sera celle des trois précédentes années.
Ce procédé, imité du budget de l'Etat (1), où il est obligatoire, se doit généraliser par ailleurs en matière de
comptabilité publique. Les principes déjà cités de l'universalité, de la sincérité justifient cette disposition, d'autant plus que tout budget étant forcément soumis aux
lois de l'équilibre, ou échapperait trop facilement à cette
obligation par l'apparence d'un équilibre illusoire, résultat de l'arbitraire et du forcement intentionnel des
évaluations.

Des distinctions analogues devront être reportées en
matière de dépense. Il y aura lieu de distinguer d'abord
celles à titre obligatoire, ou à titre facultatif pour la fabrique.

---

(1) Stourm, *Le budget.*

En ce qui concerne les dépenses facultatives, l'inscription en est opérée par le Conseil pour tel chiffre et de telle façon qu'il lui plaît. Il est juge souverain de ces ouvertures de crédits.

Son droit est au contraire moins absolu pour les charges obligatoires. Le vote budgétaire n'est pour celles-là qu'une simple affectation de ressources, une autorisation nécessaire de deniers : mais l'acquittement n'en peut être refusé, la radiation des colonnes n'en peut être opérée. Tout refus de crédit pour dettes exigibles donnerait lieu, après mise en demeure, à la procédure de l'inscription d'office (1).

. Les dépenses obligatoires sont d'un chiffre fixe, ou d'un chiffre variable.

Il y aura lieu de pourvoir aux premières par l'ouverture d'un crédit égal à leur montant. Les secondes au contraire, dont le montant incertain ne sera connu qu'en règlement d'exercice, donneront lieu à évaluation. Telles sont les dépenses du culte auxquelles la fabrique est expressément chargée de pourvoir. Ici encore, la moyenne établie sera celle des trois exercices précédents, d'après les mêmes motifs que ci-dessus, auxquels nous ajouterons le recours possible des fabriques aux deniers des communes en cas d'insuffisance de revenus, dans les cas subsistant encore depuis la loi de 1884. Il est clair qu'une paroisse ne doit pas, par des évaluations arbitraires et exagérées, hors de proportion avec les faits, masquer ses vraies ressources disponibles pour obtenir une subvention des deniers communaux. Les communes sont d'ailleurs de ce chef investies d'un pouvoir

(1) D. 1893, 27 mars, art. 22.

d'observations, et même de discussion par voie contentieuse.

Mais ce système de limitation des crédits aux moyen-
nes des années précédentes ne s'applique qu'à leur évaluation, c'est-à-dire au prix de revient, au coût de l'unité de
dépense. A part cela, il reste loisible au Conseil de les
fixer telles qu'il lui plaît, ou de les limiter si bon lui
semble, sous le contrôle épiscopal. Il ne restera de ce
chef aux communes, en cas d'appel de deniers, qu'un
pouvoir de discussion relatif à l'opportunité de la dépense
ainsi qu'à son caractère obligatoire.

Telles sont les règles et limitations du pouvoir délibératif du Conseil de fabrique sur le budget de l'exercice.
Il s'exerce d'ailleurs sur la totalité des recettes et des
dépenses, dont l'universalité doit figurer au budget (D.
1893, art. 25).

Après cette délibération, le budget ne sera exécutoire
qu'après l'approbation de l'évêque diocésain, investi à
cet égard du pouvoir réglementaire. La délibération du
Conseil n'est en somme que l'une de ces décisions connues en droit administratif sous le nom de décisions
exécutoires sauf approbation.

Appréciateur souverain de la dignité du culte dans son
diocèse, et protecteur né des intérêts religieux, l'évêque
a nécessairement comme conséquence de son droit d'approbation, le pouvoir de modification d'articles, de réduction ou d'augmentation de dépenses, le tout cependant sauf distinctions.

Il ne peut établir de recettes nouvelles qu'avec l'approbation du Conseil de fabrique, et d'après la possibilité
des lois et règlements. Il doit quant à leur évaluation, se
renfermer dans les règles de l'évaluation automatique,

dans la moyenne des exercices précédents, conformément aux règles ci-dessus exposées.

Et corrélativement, les dépenses ne pourront être modifiées que dans l'intérieur des ressources établies ou possibles. Dépasser en crédits les recouvrements régulièrement évalués serait pour l'évêque le droit d'obliger les paroisses à trouver des ressources qu'elles n'ont pas : et dans certains cas, la contre partie de cette mesure dans le budget communal pourrait exposer le règlement budgétaire à des réductions par voie contentieuse.

Or, d'après Gaudry, l'évêque, juge absolu pour tout ce qui tient au culte, n'est jamais en dernier ressort maître de ce qui tient à l'intérêt des citoyens. « S'il se borne à supprimer une dépense, l'intérêt matériel n'est pas compromis. Il s'agit alors d'apprécier si telle dépense est convenable au culte ; elle ne peut avoir lieu sans être autorisée par lui, et le refus d'autorisation ne donnera aucune espèce de recours devant le pouvoir civil. On peut seulement s'adresser au métropolitain qui, d'après l'article 15 de la loi du 18 germinal an X, connaît des décisions des évêques suffragants ». Si l'évêque au contraire, voulait imposer à la fabrique une dépense nouvelle, nous pensons, contrairement à l'opinion de Gaudry, qu'il le peut souverainement, sans avoir besoin de renvoyer au conseil le budget qu'il a plein pouvoirs pour régler. Il n'y aurait pas lieu de distinguer le rapport plus ou moins immédiat de la dépense avec les besoins du culte. Et le seul recours possible serait celui au métropolitain. On pourrait enfin recourir contre la décision de ce dernier devant le Conseil d'État, tuteur supérieur de l'intérêt des citoyens (1).

(1) Contrà : *J. des fabriques*, t. I, p. 115.

Mais il est bien entendu que ce pouvoir d'une inscription d'office par l'évêque suppose d'autre part : 1° qu'il est pourvu aux dépenses obligatoires ; 2° qu'il n'est rien demandé à la commune ; 3° et que l'on se renferme dans les limites de l'équilibre budgétaire. Au cas donc où le budget réformé ne se solderait pas en excédent de recettes, l'augmentation d'un article ne pourrait avoir lieu que par réduction corrélative opérée sur un autre.

Enfin, la sincérité des prévisions, l'évaluation automatique, l'universalité et l'équilibre constituent pour le règlement épiscopal autant de règles applicables par analogie.

Si le budget se suffit à lui-même, il pourra, après ce règlement, recevoir sa pleine et entière exécution.

Mais son envoi à l'évêque diocésain devra avoir été précédé d'une communication, *pour avis*, au Conseil municipal.

Le Conseil municipal n'est donc qu'une autorité consultative. Mais son avis préalable est devenu, depuis la loi de 1884, obligatoire dans tous les cas (1), sa délibération pourra donner lieu à des observations, notifiées à l'évêché par l'intermédiaire du préfet (2) ; voilà pourquoi elle doit être préalable au règlement épiscopal. Elle a lieu d'ailleurs sans pièces justificatives au cas ou la fabrique ne demande à la commune aucune espèce de subvention.

Ces pièces devront être au contraire représentées à la

---

(1) Cir. M. Cultes, 18 mai 1885.

(2) Sauf en ce qui concerne les paroisses de la ville de Paris, demeurées sous le régime de la loi de 1837, et pour lesquelles la communication des comptes est seule demandée.

commune au cas de subventions réclamées (1). Il faut entendre par pièces justificatives toutes celles de nature à éclairer le Conseil municipal sur la véritable situation financière de la paroisse, et notamment les quittances et documents justificatifs des recettes et dépenses portées au compte de la précédente année.

Le pouvoir du Conseil municipal change dans ce cas de caractère. Directement intéressé au budget paroissial, un pouvoir de discussion indirecte lui sera conféré. Car la demande de fonds ne peut résulter que de déficits régulièrement opposables.

Une appréciation du bien-fondé des articles sera donc possible, des demandes de réductions pourront être formulées, et des contestations s'élever relatives au calcul des déficits. Mais jamais le Conseil ne peut directement intervenir sur l'acte qui lui est soumis. Il y a lieu alors à une procédure par recours devant le Conseil d'Etat (2).

L'inscription au budget communal peut enfin être effectuée par les procédés de l'inscription d'office. La loi de 1884 en a modifié les formes par l'établissement d'une sorte d'arbitrage administratif.

Aux termes de l'article 136, 12° c'est au chef de l'Etat qu'il appartient de statuer par décret, rendu sur la double proposition des ministres de l'Intérieur et des Cultes (Circ., 15 mai 1884).

(1) Circ., 18 mai 1885. — C. d'Etat, avis 20 nov. 1839. — Affre, p. 153.

(2) Cont., 7 août 1875.

TITRE II

Etablissement du budget.

De l'examen des autorités budgétaires, il ressort d'ores et déjà qu'elles vont, par l'accord de leurs volontés, autoriser la recette comme la dépense.

Mais le budget nécessite d'autres formalités. Ce n'est pas lui qui crée les ressources, ce ne sont pas ses crédits qui constituent les droits des créanciers. L'un et l'autre résultent d'actes distincts.

On a défini le budget : « l'acte préalable portant autorisation des recettes et des dépenses » (Stourm). Il faut se garder de donner à cette définition une portée trop étendue. En matière de recettes, il se borne à autoriser la perception de ressources en général préexistantes, ou de droits acquis par des actes ultérieurs. Spécialement chez les personnes administratives inférieures, il est assez rare que l'acte budgétaire soit créateur de revenus, indépendants de lui. Le vote ne porte que sur leur perception annuelle, et leur emploi en dépense.

Pour ces mêmes dépenses, la même distinction se retrouve : ce n'est pas le budget qui crée les droits acquis, qui lui sont extérieurs. En général il se borne : 1° ou bien à autoriser le paiement de droits constatés par titres antérieurs ; 2° ou bien à ouvrir un crédit pour charges ultérieures, résultant d'une série d'actes opérés

conformément aux lois et règlements. Ce sont ces actes,
constitutifs à son profit ou à sa charge de droits actifs
ou passifs, qu'il faut étudier à part, afin de déterminer
quelles conditions sont nécessaires pour le vote efficace
des recouvrements et paiements.

En un mot le budget n'est pas créateur de droits. La
régularité d'un vote budgétaire est en fonction de l'existence éventuelle de ces droits tant actifs que passifs.

Et par l'autorité chargée de vérifier les comptes, il
séra, sur chaque article de recette ou de dépense, à la
fois statué, et sur la conformité aux votes du budget, et
sur la régularité extrinsèque des droits acquis.

Il y a donc lieu d'examiner successivement :

1° L'origine des revenus et charges de la fabrique ;

2° Leur vote budgétaire ;

3° Les formes et les caractères de ce budget.

CHAPITRE PREMIER

Ils se divisent en revenus ordinaires et extraordinaires. C'est ce qui ressort de l'article 18 du décret du 27 mars 1893.

Mais sur ce point une importante remarque est à faire. Le décret précité établit en effet, ainsi que nous le verrons plus loin, une innovation considérable relative à la distinction de l'ordinaire et de l'extraordinaire. D'après l'ancienne doctrine, applicable d'ailleurs à tous établissements publics, la distinction s'opérait suivant le caractère normal ou exceptionnel des opérations effectuées. Recettes ou dépenses ordinaires, par conséquent, toutes celles présentant un caractère régulier et périodique. Extraordinaires, au contraire, toutes autres à titre accidentel.

L'article 18 a modifié les bases de cette division. Seront désormais ordinaires toutes opérations sur revenus, extraordinaires toutes recettes ou dépenses sur capitaux.

Ainsi qu'il sera dit plus loin, cette nouvelle distinction, établie dans un but de clarté, aboutit en fait a une confusion regrettable, résultant du caractère spécial de l'organisation des fabriques. Car si la distinction nouvelle de l'ordinaire et de l'extraordinaire devra être gardée en ce qui concerne la rédaction du budget, et la détermination de compétence du juge dés comptes, nous

Q. 7

verrons (1) que l'autre doit subsister, en ce qui concerne l'exécution des services, et la compétence du pouvoir exécutif de la paroisse.

A laquelle dès lors se référer? S'il est établi un budget rédigé sous les vocables précités, suivant que les opérations sont effectuées sur capitaux et revenus ; — si la compétence du juge est réglée par le chiffre de ce budget ordinaire, il n'en est pas moins certain que ce même juge, appréciant la nature des opérations de dépenses, devra pour en vérifier la régularité d'exécution, se référer aux *anciennes* divisions de l'ordinaire ou extraordinaire, traduisez : annuel et permanent ou bien accidentel.

Cette dualité de terminologie étant signalée, avec la confusion qui en résulte, suivant laquelle de ces deux méthodes exposerons-nous les règles relatives aux charges et revenus de la fabrique ?

Nous indiquerons en parlant de la forme du budget (2) le nouvel ordre résultant du décret du 27 mars 1893.

Présentement, devant exposer les règles des dépenses, créatrices de droits contre la paroisse, et pour lesquelles il y a lieu de se référer aux *anciennes* distinctions, nous adopterons l'ordre de la division primitive, désignant sous le nom de dépenses ordinaires toutes impenses annuelles et permanentes, extraordinaires au contraire toutes autres accidentelles. Une raison de symétrie nous fera adopter le même ordre pour les recettes.

La division de ces deux chapitres ne cadrera donc pas avec l'ordre budgétaire, qui sera ultérieurement exposé.

---

(1) Cf., *infrà*, titre II, chap. IV.
(2) Cf. égal., t. II, chap. IV.

Dans tout ce qui suit présentement, les opérations seront classées à raison de leur nature réelle, et non du caractère qui leur est fictivement attribué par l'article 18 du décret du 27 mars 1893, suivant qu'il y a budget sur capitaux ou sur revenus.

Les revenus de la paroisse, ainsi qualifiés d'ordinaires, se rattachent à deux sources différentes, produits du domaine ou deniers casuels.

I. — Du domaine de la fabrique.

Le domaine de la fabrique comprend des meubles et des immeubles. Nous n'aurons à parler d'ailleurs que du domaine productif de revenus, ce qui en exclut les immeubles affectés à un service public, et les meubles corporels. Les bien-fonds, rentes et créances nous fourniront au contraire matière à développements.

Pour qu'un vote budgétaire puisse autoriser la perception des revenus du domaine, deux conditions sont nécessaires : 1° que la fabrique soit propriétaire ; 2° et que les biens soient exploités en revenus. Nous étudierons donc successivement la propriété des biens des fabriques, et leurs modes d'administration.

§ I. — *Des biens des fabriques.*

Ils ont deux origines :

1° Les biens d'origine ancienne. Ce sont les biens restitués ou révélés.

2° Les biens de nouvelle origine. Ce sont tous ceux acquis, à quelque titre que ce soit, depuis le droit intermédiaire, par les modes du droit commun.

La propriété des biens des fabriques ne se trouve jamais mise en cause à propos de leur comptabilité. Il est seulement produit au juge des comptes l'état des produits annuels, appuyés des certifications administratives. A l'appui de leur compte de gestion, les comptables devront bien fournir l'état des propriétés, créances et rentes exigé par l'article 849, de l'Instruction générale des finances du 20 juin 1859 d'après un modèle donné ; « les actes de vente et achats, et autres pièces justificatives des mutations » doivent bien accompagner les baux et états de produits. Mais cette production de pièces n'a pas pour objet de permettre au juge des comptes d'apprécier le bien fondé de la propriété. Elle a pour but, lorsqu'il est compté pour une première fois, de lui faire connaître la régulière acquisition d'une propriété nouvelle. Dans les autres cas l'état du possesseur justifie assez la qualité de propriétaire, et les renseignements ci-dessus mentionnés se rapportent plus spécialement à la production d'un état complet de l'actif, permettant d'apprécier si le comptable a bien effectué les recouvrements nécessaires, en vertu des obligations spéciales de l'arrêté consulaire du 19 vend. an XII (1).

La difficile question de la propriété des fabriques ne se pose donc pas devant le juge des comptes, et nous n'aurons pas à reproduire les obscures controverses auxquelles elle a donné lieu, en ce qui concerne les biens d'origine ancienne. Il suffit de parler de leur propriété effective.

Confisqués par des lois du 23 août et 3 novembre 1793,

_____

(1) L. 18 juillet 1837, art. 10, 16 et le 2. — Circ. 30 sept. 1837. — Ord. 31 mai 1838, art. 445, 470 et 471.

les biens des fabriques leur furent restitués par l'article 72 de la loi du 18 germinal an X, ainsi que par le célèbre arrêté du 7 thermidor an XI. Les nouveaux propriétaires étaient les cures et succursales rétablies depuis la Révolution, mais la non-aliénation de ces biens formait l'expresse condition de la restitution opérée. Quant aux Eglises supprimées, l'arrêté du 7 thermidor an XI en désigna comme titulaire l'église à laquelle était réunie la paroisse disparue, quand même ils eussent été situés dans une paroisse étrangère. Ce système de restitutions fut complété par de nombreux décrets du droit intermédiaire, qui en éclairèrent les points constestés. Les biens des fondations, également nationalisées (D. 28 vend., 25 frimaire an XII), sont rendus à leurs propriétaires antérieurs, mais les rentes dont ils étaient grevés restent dettes nationales, ainsi qu'il est expressément déclaré par l'arrêté du 30 novembre 1810, approuvé le 9 décembre suivant, et inséré au *Bulletin des lois*. L'odonnance du 28 mars 1820 a d'ailleurs complété cette mesure. L'on admet cependant que les services religieux restent à la charge des fabriques remises en possession de biens (1), d'après un décret du 22 fructidor an XIII, non inséré au *Bulletin des lois*.

Or la propriété de la fabrique est essentiellement subordonnée à un envoi en possession.

La même formalité est applicable aux biens célés au domaine, et dont la détermination a d'ailleurs donné lieu à d'importantes controverses. Une décision ministérielle du 6 août 1807 a interprété dans le sens le plus large les dispositions législatives à cet endroit, en décla-

(1) Gaudry, t. II, p. 487.

rant que « les biens célés au domaine de l'Etat, quelle qu'en soit l'origine, peuvent être révélés au profit des fabriques ».

Un envoi en possession forme donc le titre constitutif de la propriété des fabriques, relativement au domaine d'origine ancienne, la source la plus importante de leurs revenus.

Mais leur propriété peut se compléter en outre de tous les biens acquis par les modes du droit commun. C'est à propos des dépenses que le juge des comptes appréciera tout ce qui concerne les acquisitions à titre onéreux, pour la validité du paiement. Il ne nous reste donc à parler que des acquisitions à titre gratuit, dons et legs faits aux fabriques et constituant pour elles une recette pure et sans contrepartie.

L'acquisition de biens à titre gratuit par les établissements publics forme, en droit administratif, l'objet de disposition d'exception dont l'ensemble constitue une théorie législative tout entière.

Constitués, par le bienfait de la loi, en personnes civiles ayant une existence et une propriété distincte de celle de leurs membres ; — recevant par délégation du pouvoir central, une portion déterminée de l'administration, et devant y spécialiser les ressources dont ils disposent ; — détenteurs à cet effet de richesses souvent considérables, ainsi soustraites à la fructification par circulation des biens ; — dérobant enfin par la possession de main-morte leurs capitaux à l'influence fécondante de l'initiative privée ; — en un mot, administrateurs pour l'Etat et danger économique, tous établissements publics appellent forcément un système central et éclairé de tutelle administrative. Il faut que le mandant surveille et proportionne aux services confiés les ressources du mandataire ; et tels sont en droit administratif, l'origine et les principes de la théorie des dons et legs.

Les différentes restrictions apportées à la capacité de recevoir par dons et legs sont relatives : 1° à la nature des libéralités ; 2° à la capacité du donataire ; 3° à l'acceptation. Elles forment les règles générales de la matière. Des dispositions spéciales à chaque catégorie d'établissements, ou à certaines natures spéciales de dons, viennent compléter l'ensemble du système.

Quant à la nature des libéralités la première restriction se rattache au principe de la spécialité des établissements publics, dégagé par dispositions particulières. « La personnalité civile ne leur a été conférée que pour atteindre plus sûrement le but pour lequel ils ont été créés, aussi se doivent-ils strictement limiter dans le cercle de ces attributions ». (A. Combarieu). Des difficultés d'application, avec variations consécutives des jurisprudences n'ont pas laissé que d'obscurcir parfois le caractère pourtant si net de ce principe supérieur. Et spécialement à propos de la loi du 18 germinal an X, le Conseil d'Etat (1) arguant de l'article 76, a momentanément reconnu aux fabriques le droit de recueillir les dons et legs faits aux pauvres, étant établies « pour l'entretien des Eglises, et l'administration des aumônes ». De récentes décisions sont radicalement revenues sur cette doctrine, d'ailleurs inconciliable avec les dispositions qui confient aux bureaux de bienfaisance l'administration exclusive des biens des pauvres. Il a donc été distingué entre les aumônes destinées aux temples, et

(1) Avis 4 mars 1841..— 8 mars 1873.

celles spéciales à l'indigence. C'est d'ailleurs ce qu'a reconnu, dans divers avis, le Conseil d'Etat, sanctionnant sa jurisprudence (1), d'une doctrine plus sûre que les errements antérieurs. Une confusion fâcheuse en résultait dans les principes les plus nets de notre droit public.

Une seconde restriction, résultant de la nation du legs, se trouve spécialement édictée contre les établissements ecclésiastiques par l'ordonnance du 14 janvier 1831. Ne pourront être autorisées à leur profit toutes donations avec réserve d'usufruit pour le donateur. On a craint que dans ce cas, l'intérêt du donateur ne fût pas un frein suffisant au dépouillement des familles. « En outre des donations de ce genre présentant presque toutes les caractères de véritables dispositions testamentaires, elles mettraient le Gouvernement dans l'impossibilité d'examiner la position des héritiers, encore inconnus, et par suite la convenance de l'acceptation ».

Telles sont les restrictions générales, législativement imposées à la capacité des établissements publics, et dont l'application se marque spécialement pour les fabriques.

La seconde catégorie de restrictions est tirée, non plus de la nature de l'acte de libéralité lui-même, mais de la capacité restreinte des personnes administratives, dont l'acceptation, comme celle du mineur, ne peut être valable qu'en vertu d'une autorisation préalable de l'autorité supérieure.

La nécessité de l'autorisation, que nous n'avons plus

_____

(1) Avis 13 avril 1881. — 7-13 juillet 1881. Dalloz, 3ᵉ partie, p. 21, 22 et 23.

à justifier, découle de l'article 910 du Code civil. Elle ne sera donnée qu'en connaissance de cause, sur le vu de pièces justificatives, ayant pour but, spécialement pour les fabriques, de connaître l'avis du Conseil, la situation de l'établissement et des héritiers, l'avis de l'évêque, et les réclamations des parties. En conséquence toutes libéralités mobilières n'excédant pas 1 000 francs et non contestées des familles, seront autorisées par simples arrêtés préfectoraux. Toutes autres, soit en immeubles, soit mobilières au-dessus du chiffre fixé, exigent l'intervention de décrets en Conseil d'Etat.

L'autorisation peut être restrictive. Les conditions imposées par l'autorité peuvent être de deux sortes :

1° Réduction en faveur de la famille, mais aucune attribution de la part réduite ne peut être faite en faveur de l'un ou l'autre des héritiers, la réduction n'étant alors qu'une acceptation partielle.

2° Emploi déterminé de deniers (1), lorsque le donateur ou testateur aura négligé d'y pourvoir. Les placements peuvent être alors déterminés par l'autorité administrative. L'emploi prescrit en rentes sur l'Etat sera effectué en titres nominatifs, aux termes des ordonnances des 29 avril et 19 mai 1831.

Une circulaire du 6 mai 1881, qui s'occupe spécialement des fabriques, oblige les trésoriers à justifier aux préfets de la réalisation des emplois prescrits. Cette conformité de l'emploi sera à plus forte raison justifiée au juge des comptes, parmi les certifications justificatives d'une propriété nouvellement acquise.

Une fois l'autorisation obtenue, le trésorier acceptera

(1) Ord. 2 avril 1817, — Circ. 10 avril 1862.

(D. 1809). « Il est important d'observer que les donations entre vifs n'étant irrévocables qu'après l'acceptation, elles seraient nulles si le donateur mourait avant
qu'elles fussent acceptées (1) ».

L'acceptation provisoire étant une exception de droit
ne peut être étendue. Nul texte ne l'ayant créée au profit
des fabriques, il est impossible de leur en reconnaître le
bénéfice. Donc, instituées donataires, que le donataire
décède avant l'acceptation, la donation sera caduque. Et
si les héritiers bénéficiant de la caducité voulaient renon-
cer à leurs droits, un nouvel acte est nécessaire (Circ.,
10 avril 1862).

Telles sont les règles générales des dons et legs, sou-
mettant à un régime d'exception l'acquisition des biens
à titre gratuit ; elles expliquent les certifications spéciales soumises au juge des comptes, pour la régularité de
la propriété et de la recette effectuée.

Des dispositions particulières à certaines espèces de
donations ont besoin d'être exposées à part. Il s'agit des
dons et legs avec charges, spécialement des fondations.

Des fondations. — Le contrat de fondation est une
espèce de donation à titre onéreux, avec cette particu-
larité que la charge imposée consiste en services religieux, perpétuels ou temporaires.

La nature du contrat est d'ailleurs une question de
fait, car si les charges égalaient ou dépassaient la libéralité, il y aurait contrat à titre onéreux.

Il peut être fait par acte entre vifs ou testamentaire.

Fondation par acte entre vifs. — I. — Une donation
est à titre onéreux dès que le donateur stipule des avantages en retour de ceux qu'il fournit.

(1) Affre, p. 159.

Or quand les avantages retirés sont pécuniaires et matériels, la question ne souffre aucune difficulté. Mais s'il s'agit d'avantages immatériels ou purement moraux ?

Un arrêt de la Cour de cassation résout la question dans le sens de l'affirmative. Il y a contrat à titre onéreux, « attendu qu'il n'appartient qu'à la partie qui stipule d'apprécier si la convention lui attribue l'équivalent de ce qu'elle donne (1) ».

Cette doctrine, très critiquable au point de vue du principe invoqué, s'applique pleinement au contraire pour les fondations de services religieux. La jurisprudence n'a jamais cessé de les considérer comme des contrats commutatifs et à titre onéreux (2). Tel était l'ancien droit. Les services demandés sont d'ailleurs susceptibles d'une estimation matérielle, quoique incertaine, leur prix pouvant fréquemment varier. Mais cette incertitude particulière de l'un des termes du contrat ne peut lui enlever son caractère commutatif. Il y aurait cependant donation au cas où la valeur des objets donnés dépasserait notoirement et considérablement le montant des charges.

Elles doivent d'ailleurs rigoureusement consister en services religieux, par application du principe déjà invoqué de la spécialité des établissements publics.

La charge ne peut d'ailleurs dépasser le montant des sommes données, car il est interdit aux fabriques de disposer à titre gratuit.

---

(1) Cass., 14 avril 1863.

(2) Déc. de l'Adm. de l'Enregistrement, 3 avril 1877 (*Dict. de l'Enregistrement*, III, p. 440).

Relativement à cette quotité, Gaudry remarque (1) que les charges de la fabrique ne se composent pas uniquement de la somme à payer à l'ecclésiastique chargé du service ; les frais généraux du culte, dépenses d'ornements et fournitures doivent entrer comme élément du calcul.

Suivant Jousse, « si la chose donnée est de la valeur de 30 francs de rente ou au-dessus, il faut qu'il y ait 1/3 de bon et franc pour la fabrique. Si la rente est de 8 à 15 francs, la fabrique doit avoir 1/2 de bon, ou du moins les 2/5. Si la rente est au-dessous de 8 jusqu'à 5, il faut que la fabrique ait les 2/3 de bon ou les 3/5. Et si la rente est de 4 francs, il faut qu'elle ait au moins 2 fr. 10 de bon ».

Le Concordat, autorisant en principe les fondations, promettait des mesures afin qu'elles pussent être effectuées. Mais l'article 73 de la loi organique avait restreint cette mesure en déclarant que les fondations pour l'entretien des ministres du culte ne pourraient consister qu'en rentes sur l'État. L'article 2 de la loi du 2 janvier 1817 a abrogé cette disposition, déclarant : « que tout établissement ecclésiastique reconnu peut avec l'autorisation du roi, acquérir des biens immeubles et des rentes ».

Pour les fondations de service religieux, une formalité supplémentaire exige l'avis préalable de l'évêque diocésain, pour le visa des charges imposées.

L'acceptation est faite par le trésorier.

11. — Les mêmes règles sont applicables aux fondations par donations testamentaires, pour lesquelles l'a-

(1) T. II, 872.

vis de l'évêque sera nécessaire aussi. La compétence exceptionnelle des préfets pour l'autorisation au-dessous de 1000 francs reste la règle, comme ci-dessus (L. 2 janvier 1817).

Enfin aux termes de l'article 70 de la loi municipale de 1884, l'avis du Conseil municipal est nécessaire pour tous dons et legs, comme d'ailleurs pour toutes espèces d'acquisitions.

Une distinction pratique est à faire, relative aux dispositions testamentaires.

« La fondation est considérée comme un legs proprement dit, toutes les fois que l'établissement chargé de l'acquitter est directement institué, et personnellement légataire du testateur, c'est-à-dire toutes les fois qu'il est investi d'une action de nature à contraindre les héritiers à exécuter la clause. Mais lorsqu'un testateur charge ses héritiers ou légataires d'employer une somme déterminée en services religieux, sans spécifier le bénéficiaire, il n'y a qu'une charge de succession ».

L'intérêt pratique en est considérable : si la fabrique est légataire, elle doit les droits de mutation, sans déduction des charges.

S'il n'y a que charge d'hérédité, ce n'est pas à elle que ces droits incombent. Mais l'acte par lequel l'héritier s'acquittera de ses obligations deviendra un contrat nouveau et entre-vifs, sur lequel portera l'examen et l'administration de l'enregistrement. L'autorisation à intervenir n'est plus alors de celles relatives à l'acceptation des dons et legs, mais à la catégorie des modes d'acquérir du droit commun, suivant la nature du contrat intervenu.

La fabrique étant chargée, aux termes du décret du

30 décembre 1809, d'assurer le service des fondations religieuses, les conventions doivent être passées avec le trésorier. Sauf pouvoirs spéciaux à cet effet, les curés et desservants n'ont pas qualité à cet égard (C. d'Etat, 2 mars et 6 déc. 1881, 14 mars 1882).

III. — Enfin des dons manuels peuvent être faits aux fabriques. Ils sont d'après les principes du Code civil, permis en principe. Mais la capacité des fabriques est, là comme ailleurs, restreinte pour l'acceptation.

« Si les dons manuels sont parfaits en droit par la simple tradition, et sans formalités solennelles, ce serait en vain que le législateur aurait pris des mesures pour modérer les acquisitions à titre gratuit des établissements publics, si par le moyen des dons manuels il était permis d'échapper à la surveillance tutélaire de l'autorité supérieure. La jurisprudence n'a jamais sanctionnée ce privilège en ce qui concerne les dons manuels, et il ne serait ni prudent ni légal de le leur attribuer (1) ». Il résulte de cette condition que le don manuel est parfait par la tradition, mais soumis à une condition résolutoire, l'autorisation.

Il n'est généralement pas d'usage de considérer comme dons manuels les souscriptions pour travaux, aumônes, oblations, échappant par leur nature et leur caractère aux dispositions ci-dessus.

Tels sont les modes d'acquérir relatifs aux diverses propriétés immobilières, dont les revenus figureront au budget. Avant cependant de faire l'objet d'un vote budgétaire, il faudra que ces revenus soient régulièrement

---

(1) Paris, 22 janv. 1850 ; Dalloz, Pr. 1850, 2, 27, 7 déc. 1852 ; Dalloz, 1853 ; Cass., 18 mars 1867 ; Dalloz, Pr. 1867, 1, 169.

établis, conformément aux règlements, dont il sera justifié à propos de l'exécution budgétaire.

§ II. — *De l'administration des biens.*

L'exploitation des biens des fabriques est en principe effectuée par le pouvoir exécutif.

Mais dans quelle forme ? Peut-il exploiter lui-même, ou doit-il affermir ?

En principe toute exploitation directe, sans autorisation préalable, est formellement défendue aux établissements publics. Un avis du Conseil d'Etat du 7 octobre 1809, complété par une circulaire ministérielle du 31 décembre de la même année, évidemment applicable aux fabriques, en a posé la règle. Il fut déclaré : « Qu'une décision trop générale présenterait plusieurs inconvénients, et que, bien qu'il fut plus avantageux et plus conforme aux principes d'une bonne administration d'affermer les domaines des établissements de bienfaisance et de charité, que de les laisser régir par eux, cependant cette règle devait être soumise à beaucoup d'exceptions ; — qu'il serait évidemment préjudiciable aux hospices d'affermer les bois, champs, vignes et prés à leur proximité, qui leur fourniraient l'entretien et la nourriture des pauvres et malades.... — qu'il appartient aux autorités locales chargées de surveiller les administrations, de décider quelles sont les propriétés qu'elles doivent être autorisées à régir, celles qu'elles doivent affermer — d'où il suit que les administrations des hospices et de bienfaisance ne doivent régir aucune de leurs propriétés sans y être formellement autorisées par les préfets, quand bien même lesdites propriétés sont d'un revenu de 1000 fr. et au-dessous ».

Ajoutons qu'au point de vue comptable l'affermement produit des résultats plus facilement contrôlables que l'exploitation en nature, à cause des difficultés de l'estimation en valeurs, source de dissimulation de produits (Instr., 20 nov. 1836).

Cette théorie fut d'ailleurs consacrée par les dispositions subséquentes de la législation, tout entière inspirée de cet esprit (1).

L'administration du domaine de la fabrique comprend les règles respectives et diverses :

1° De l'exploitation des immeubles;

2° De l'exploitation des capitaux ;

3° De l'exploitation des places dans les églises.

L'emploi des capitaux constituant une dépense, sera traitée avec des dépenses de la fabrique — car c'est à ce titre que le juge en reçoit la justification.

Immeubles. — Conformément au principe, aucune exploitation ne sera permise aux fabriques sans une autorisation de l'autorité supérieure.

La forme employée devra donc être l'affermement, d'après les règles du louage administratif.

La forme des baux différera suivant leur durée. Car les baux emphytéotiques sont l'un de ces objets « excédant les bornes ordinaires de l'administration des biens des mineurs ». (D. 1809, art. 12, *in fine*).

Les baux ordinaires rentrent dans la catégorie des actes d'administration que les fabriques sont autorisées à faire. Ils sont passés, avec approbation, par le bureau

_____

(1) Ord., 31 oct. 1821. — L. 13 août 1851, art. 8.

des marguilliers. L'adjudication est faite avec concurrence et publicité.

Le bureau dresse en conséquence un cahier des charges, clauses et conditions générales, soumis à la triple approbation du Conseil de fabrique, de l'évêque, et du préfet. Après avis consultatif de l'évêque, le préfet approuvera ou modifiera ; après quoi il y aura lieu de procéder aux enchères.

La publicité résultera : 1° d'un affichage hebdomadaire à la porte de l'église de la situation de l'immeuble, et des églises voisines, pendant la durée d'un mois ; 2° et de quinzaine en quinzaine aux lieux accoutumés ; 3° d'une insertion au journal de la situation de l'immeuble, ou du département.

L'adjudication, faite un jour de marché, sera à peine de nullité passée devant un notaire désigné par le préfet, le trésorier et un membre du bureau.

A peine de nullité également, hypothèque devra être prise sur les biens du preneur (décret 15 août 1807) ce cas d'annulation ne peut d'ailleurs être étendu, les règles étant en somme celles du louage d'après le Code civil. Carré (1) pense que le bail serait valable au cas où l'hypothèque n'eût pas été prise sur l'universalité des biens du preneur, et suffirait à la garantie du bail. Il y a incompatibilité entre la qualité de membre du bureau et celle d'adjudicataire (2).

L'adjudication n'est définitive qu'après l'approbation du préfet ; cette approbation est le point de départ du délai de 20 jours pour l'enregistrement.

(1) N° 400.
(2) D. 30 décembre 1809, article 61.

Telles sont les règles applicables aux baux ordinaires.

Des formalités additionnelles incombent aux baux de longue durée.

Sont considérés comme baux emphytéotiques ceux d'une durée supérieure à neuf années pour les biens urbains, et à 18 ans pour les immeubles ruraux (1).

Il faut alors :

1o Une enquête *de commodo et incommodo* après affichage de huit jours. Elle est faite par le juge de paix, aux frais des adjudicataires éventuels. Le procès-verbal en est envoyé au préfet, pour avis, après consultation de l'évêque diocésain.

2o Enfin l'autorisation du chef de l'Etat, en raison de l'importance de l'acte.

Une controverse s'est élevée, voulant étendre aux baux ordinaires la nécessité de l'autorisation du chef de l'Etat. Le Conseil d'Etat décide que bien que régis comme les biens communaux, et malgré la loi de 1884 qui affranchit les communes de ces formalités, la matière du culte n'a pas été décentralisée, et des lois spéciales n'ont pu déroger aux règles générales de la matière (note 1er février 1890).

On peut répondre à cette opinion que les règles spéciales aux baux des fabriques ne font pas partie de la législation générale des cultes, mais des modes d'administration des biens des établissements publics, auxquels il a été innové par les dispositions précitées.

Des places dans l'Église.

L'exploitation du domaine immobilier de la fabrique

(1) Ll. 7 octobre 1848. — 25 mai 1835. — Carré no 393.

ne se borne pas aux immeubles déjà cités. On retire de la location des places dans l'Eglise d'importants revenus, d'après des règles spéciales.

La perception s'exerce à propos des chaises et bancs.

Les fidèles ont d'ailleurs le droit d'assister aux services religieux sans être soumis à l'acquittement d'une taxe d'entrée. Dans ce but, l'article 65 du décret de 1809 prescrit dans l'église la réserve de places gratuites et commodément disposées. Après quoi il y a possibilité de perception de taxes de stationnement.

Elle s'effectue à deux titres différents :

1° Location de bancs et chaises mobiles, au premier occupant ;

2° Location de places fixes, pour une période déterminée.

En ce qui concerne la location de places au premier occupant, elle peut être exploitée en régie ou en ferme, au gré des paroisses, et sans aucune espèce d'autorisation (D. 1809, art. 66). Quelque soit le mode adopté, le prix demandé devra être perçu suivant un tarif régulièrement établi. Or il doit pour cela réunir certaines conditions.

Le décret de 1806 exigeait l'approbation de l'évêque et du préfet. Il suffit, d'après le décret postérieur de 1809 que le tarif soit : 1° fixé par le bureau des marguilliers ; 2° approuvé par le Conseil de fabrique ; 3° affiché dans l'Eglise. La fabrique pourrait poursuivre devant le juge de paix le recouvrement des prix sans autorisation préalable du Conseil de préfecture.

Lorsque la location est effectuée en régie, les prix sont directement perçus par la fabrique, sous les ordres du bureau des marguilliers, et par l'entremise de ses préposés.

La perception en ferme donne au contraire lieu à adjudication.

Un cahier des charges est en conséquence dressé par le bureau des marguilliers, mentionnant : 1° le prix des chaises ; 2° le nombre de chaises à fournir par l'adjudicataire ; 3° l'espace réservé gratuitement.

Les enchères auront lieu avec publicité préalable.

La publicité résultera de trois affiches de huitaine en huitaine, et la concurrence de la mise aux enchères par devant le bureau, qui adjugera au plus offrant.

Il y aura lieu alors à passer devant notaire le bail, auquel sera jointe la délibération fixant les prix des places (1).

L'adjudication est d'ailleurs consommée sans aucune espèce d'approbation. Mais il y a incompatibilité entre les fonctions d'adjudicataire et de membre de la fabrique.

Il est permis de faire tarifer différemment les prix suivant les offices. Mais une fois le tarif déterminé, aucune variation de ce genre n'y peut être apportée (2).

Par conséquent l'évêque lui-même ne peut réduire au-dessous des tarifs les prix déjà fixés. Cette solution, qui résulte d'ailleurs de la souveraineté de la délibération du Conseil de fabrique en cette matière, est pleinement confirmée par une circulaire de l'Archevêque de Paris, en date du 20 janvier, confirmée par une note ministérielle du 19 novembre 1848.

Indépendamment du droit de louer les bancs et chai-

____

(1) Déc. minist. 8 février 1868, id. Campion.
(2) D. 18 mai 1806. — Déc. minist. 30 sept. 1806, Vuillefroy, p. 312.

ses au premier occupant, la fabrique a le droit de con-
céder des places fixes à ceux qui veulent avoir des bancs
ou chaises à demeure.

Réglée par les articles 69 et suivants du décret de 1809,
la concession d'une place fixe pour un temps déterminé,
au plus égal à la durée de la vie du titulaire, peut se
présenter sous trois formes :

1° Concession pour une prestation annuelle.

2° Ou en échange d'un immeuble.

3° Ou pour une valeur mobilière, une fois donnée.

Quelle que soit la nature du prix, aucune concession
de chaises, banc ou chapelle, ne pourra avoir lieu qu'a-
vec concurrence et publicité. La concession perpétuelle
n'est jamais, d'ailleurs, qu'un droit d'usage.

S'il s'agit donc d'une concession, temporaire ou perpétuelle, moyennant une prestation annuelle, il y aura
lieu à une partie des formalités prescrites pour la location d'un immeuble. L'affichage aura lieu pendant un
mois : mais l'adjudication faite par le Conseil au plus
offrant, n'aura besoin d'aucune espèce d'approbation,
soit de l'évêque, soit du préfet. Cette exception aux règles de la capacité des fabriques résulte incontestablement de l'article 70 du décret de 1809 ; « la délibération
du Conseil de fabrique sera un titre suffisant ». Ces
mots contiennent une expresse dérogation aux règles
générales, ce qui résulte d'ailleurs des textes voisins, et
de la direction entièrement opposée du reste de la législation.

Le procès-verbal d'adjudication, qui sert de titre au
notaire, doit d'ailleurs être enregistré.

Dans beaucoup de fabriques, on procède en bloc à la
location aux enchères de la totalité des bancs. Ce mode

d'adjudication doit être considéré comme régulier, et garantit pleinement les intérêts de la paroisse.

Si la location est au contraire effectuée au prix d'un immeuble, les formalités imposées seront plus rigoureuses. La demande doit être expressément faite au bureau des marguilliers qui fera évaluer en capital la valeur de l'immeuble, ainsi qu'en revenu. La publicité effectuée sera la même, avec la mention de la valeur du prix. Au bout du mois, s'il n'est pas fait d'offre plus avantageuse il y aura lieu à acceptation de la demande dans la forme des dons et legs, c'est-à-dire par autorisation du chef de l'Etat, à la diligence du préfet.

Si la concession est faite enfin contre une valeur mobilière une fois payée, les formalités ci-dessus seront appliquées, pour toute valeur dépassant 300 fr. Au-dessous, l'approbation préfectorale sera suffisante.

Tels sont les modes d'administration relatifs à la mise en valeur du domaine paroissial. Le revenu des biens et le prix des places dans les Eglises constitue l'une des plus importantes branches des revenus des fabriques. — Une seconde catégorie se présente maintenant à notre examen, résultant des oblations. Elle constitue ce que l'on appelle les deniers casuels de la fabrique.

II. — Des deniers casuels.

Ils comprennent tout ce qui constitue un gain variable, par opposition à un revenu certain et déterminé.

Le casuel de la fabrique comprend deux catégories distinctes : D'une part tout ce qui constitue les quêtes, aumônes, affectant le caractère de dons manuels minimes, par là même dispensés des formalités des dons et legs : et d'autre part différents produits perçus à l'occasion d'un service rendu, offrant le caractère de taxes par le manque de proportion de la prestation et de la valeur fournie.

Il peut être fait dans les églises des quêtes à différents titres. Nous n'avons à parler que de celles au profit de la fabrique, pour subvenir aux besoins du culte.

« Tout ce qui concerne les quêtes dans les églises sera réglé par l'évêque, sur rapport des marguilliers sans préjudice des quêtes pour les pauvres, qui devront toujours avoir lieu dans les églises toutes les fois que les bureaux de bienfaisance le jugeront convenable ». (D. 1809, art. 70). L'évêque d'ailleurs peut toujours prescrire, même sans l'avis des marguilliers, des quêtes pour les besoins de l'église, ainsi que pour les frais du culte.

Quant aux quêtes à domicile, elles sont en principe défendues, et peuvent donner lieu à des poursuites pour mendicité. L'autorisation municipale pourrait peut-être leur faire perdre ce caractère.

Le décret de 1809, et à sa suite la circulaire du 21 novembre 1879, distinguent du produit des quêtes le produit des troncs. Aux termes des articles 36 et 75, les mêmes formalités sont nécessaires pour ce placement des troncs et pour le règlement des quêtes. Le pouvoir souverain de l'évêque est donc encore la règle, ainsi que l'initiative des marguilliers.

Enfin dans le même ordre d'idées se placent les oblations libres faites à la fabrique (Circ. 21 nov. 1879). Il s'agit des oblations volontaires, non tarifées, faites à la fabrique, et non au ministre des cultes.

L'usage des lieux détermine le plus souvent une pré-

somption de la volonté des donateurs. Tout ce qui sera
par exemple trouvé sur l'autel sera présumé déposé pour
le curé, et le reste pour la paroisse. Des règlements locaux peuvent déterminer ces distinctions.

Il y a lieu de distinguer des oblations volontaires les
oblations nécessaires et tarifées, qui n'ont avec les premières qu'une communauté de nom, parce qu'à l'origine
tout était volontairement donné aux églises. Elles sont le
plus souvent des droits perçus par les fabriques pour les
services religieux, parallèlement aux droits des ministres des cultes. Des taxes existent également sur les sonneries.

Quelque soit la cause de ces perceptions, services religieux, mariages, sonneries, inhumations, leur caractère
commun est d'être recouvrés d'après des tarifs. Ils comprennent trois espèces de droits : celui du clergé, ceux
des serviteurs de l'église, et ceux de la fabrique, les seuls
que nous ayons à retenir.

L'établissement d'un tarif est une mesure sérieuse,
qui n'est pas laissée à la discrétion des établissements
religieux. En principe, aucune espèce de droits ou honoraires ne peut être établie par règlements particuliers, et
le concours de l'autorité publique est nécessaire. L'article 69 de la loi du 18 germinal an X encore en vigueur,
dispose que les projets de règlements sont rédigés par
l'évêque, mais ne peuvent être publiés, ni autrement mis
à exécution qu'après avoir été approuvés par le Gouvernement.

Cette approbation est donnée par décret en Conseil
d'Etat, sur le rapport du ministre des Cultes.

Chaque diocèse doit donc avoir son tarif général, s'appliquant à l'ensemble des oblations. Bien que l'autorisa-

tion du gouvernement soit essentiellement exigée, il est admis que l'acte d'approbation peut par clause spéciale permettre la modification des tarifs par l'autorité diocésaine pour certaines paroisses, eu égard à l'importance et la richesse des populations. Mais l'initiative de la proposition devra venir du Conseil de fabrique, après avis du Conseil municipal.

Ces tarifs sont divisés en assez de classes pour permettre à chacun de choisir conformément à sa position de fortune.

Les taxes sont donc l'application des tarifs et il doit être évité d'exiger comme dû ce qui est libre de sa nature, ou simplement accordé par l'usage.

Ces prestations sont acquises à la fabrique à des occasions diverses. L'administration des sacrements est gratuite, en principe : il n'y a donc pas lieu à perception pour le baptême, l'extrême-onction, la première communion, non plus que pour le mariage. Mais tout ce qui n'est pas à proprement parler de l'essence même des sacrements, nous voulons parler des formalités accessoires, donne lieu à taxation. C'est ainsi qu'un tarif existe pour les publications de mariages, pour les dispenses. Une messe de mariage, dont l'application d'intention est expressément demandée par les conjoints, donne ouverture à la perception des honoraires de la classe correspondante, « et des dons libres, s'il y a lieu ». (Affre, 134). Des tarifs existent également pour les messes solennelles, offices religieux, services funèbres, sonnerie de cloches à intentions particulières, comme pour les mariages, baptêmes, administration des malades et service des funérailles, (circ. minist., 17 août 1884).

Relativement aux taxes de sonneries elles appartiennent à la fabrique seule, chargée de payer le salaire des sonneurs. Ici encore, rien ne peut être perçu sans un tarif général, ou particulier, approuvé par le Gouvernement. Toute perception contraire serait illégale, sans préjudice des offrandes volontaires, naturellement. Dressé par la fabrique, approuvé par l'évêque, le règlement est alors soumis à approbation. Mais là comme pour tous tarifs d'oblations, des dérogations expresses peuvent être faites pour permettre à l'évêque, de concert avec le préfet, d'arrêter le tarif. La nécessité de cette mesure s'explique par l'impossibilité d'établir un tarif pour tout le diocèse.

Une seconde catégorie de taxes ou oblations mérite de nous arrêter par son importance et sa réglementation particulière. Ce sont celles relatives au cérémonial et service des inhumations.

Trois perceptions sont effectuées de ce chef :

1° Oblations à raison des services personnels des ministres des cultes et officiers de l'Église. (D. 23 prairial an XIII).

2° Perceptions relatives aux fournitures du cérémonial intérieur des funérailles : le service est qualifié de service intérieur (D. 18 mai 1806, art. 7).

3° Perceptions relatives aux transports funèbres. C'est le service dit *service extérieur*.

Relativement aux deux dernières catégories, les décrets du 23 prairial an XII et 18 mai 1806 ont attribué aux fabriques et subsidiairement aux communes le bénéfice d'un monopole exclusif. Cette disposition qui a l'avantage de soustraire aux inconvenances de la spéculation le service des sépultures, assure aux établissements publics ecclésiastiques d'importantes sources de revenus. On peut affirmer, des décrets précités, que les inhumations appartiennent en principe aux fabriques, à leur défaut aux communes, mais jamais au domaine public.

Le monopole du service intérieur s'étend à toutes fournitures « généralement quelconques, nécessaires pour la décence ou la pompe des funérailles ». Il comprend également tout ce qui concerne les exhumations, ré-inhumations, transports et services commémoratifs (Cass. 29 nov. 1869).

Il n'est d'ailleurs pas subordonné à l'existence d'un tarif, lequel n'est qu'une simple mesure préventive de contestations. En cas d'absence de tarifs, les différents sont réglés par les Tribunaux, pour la corrélation entre le prix des fournitures et les taxes exigées (Cass. 27 août 1823 — 29 juillet 1873).

Relativement au mode d'exploitation il peut y avoir lieu :

1° A régie simple, isolée dans les petits centres, ou par syndicats dans les villes populeuses, composées de plusieurs paroisses (1).

2° A régie intéressée, suivant les principes généraux, lorsqu'un entrepreneur effectuant les fournitures moyennant un bénéfice limité, procède au-dessus de ce chiffre à un partage de profits.

_____

(1) L'exploitation du monopole peut avoir lieu par un syndicat de paroisses, ainsi qu'à Paris par exemple.

Les règles de l'exploitation sont pour ces syndicats, les mêmes que pour les fabriques. Nous avons d'autant moins à nous en occuper qu'il s'agit alors de la comptabilité du syndicat, et non plus de celle de la paroisse.

3° A la mise en ferme de l'entreprise, soit par adjudications, soit par traités amiables.

Ce dernier mode, le plus avantageux pour la comptabilité, nécessite une surveillance des entrepreneurs, et
entraîne certaines pertes pour les fabriques.

« Les tarifs se divisent en tarifs du service intérieur et
du service extérieur. Ceux-ci se subdivisent en tarif
ordinaire et extraordinaire, et en tarif obligatoire et
facultatif ».

Le tarif intérieur a pour objet toutes les fournitures
autres que celles des transports ou de l'inhumation proprement dite. Rentrent dès lors dans cette catégorie,
notamment : à l'église les draperies, écussons, emblê-
mes, cire, catafalques, orgues et sonneries ; — à la mai-
son mortuaire les tentures, accessoires d'exposition etc.

Les tarifs du service intérieur, dont les produits appartiennent seuls à la fabrique, sont gradués par classes.
Préparés par la fabrique, ils seront communiqués à l'é-
vêque après avis du Conseil municipal ; l'approbation
définitive en sera donnée par le préfet, ou par le gouvernement dans les villes ayant plus de trois millions de
revenus (L. 5 avril 1884, art. 115).

Quant à la perception, elle peut être effectuée soit en
régie simple, soit en régie intéressée, soit par la mise
en ferme. Dans les deux premiers cas il ne doit y avoir
qu'une seule entreprise, et l'adjudication sera faite aux
enchères après un cahier des charges qui devra stipuler :
1° qu'il ne sera pas fait tort aux droits des entrepreneurs
antérieurs ; 2° que si l'église est tendue pour un convoi
taxé, la tenture ne sera pas enlevée si l'on présente immédiatement après le corps d'un indigent.

L'adjudication, passée devant la majorité des membres de la fabrique sera approuvée par arrêté préfectoral, ou par décret dans les villes ayant plus de trois millions de revenus. Les marchés de gré à gré sont permis dans certains cas s'il est démontré que les fabriques ont plus d'intérêt à se procurer les fournitures au moyen de traités de ce genre ; rien ne s'oppose à ce que le préfet leur en accorde l'autorisation (*Décision concertée entre le ministre de l'Intérieur et le ministre des Cultes*, Bulletin du minist. de l'Intérieur, 1863).

Relativement au service extérieur, ou du transport et inhumation, les fournitures comprennent l'ensemble du service, c'est-à-dire les moyens de transport, voitures de deuil, personnel, bière, accessoire et travaux, quels qu'ils puissent être, comme ouverture des caveaux... etc.

Il comprend le service ordinaire et extraordinaire.

Le service ordinaire ne comprend qu'une classe et sert de transition entre les funérailles gratuites des indigents et les inhumations comportant un certain cérémonial. Il n'est fourni pour cette classe que le strict nécessaire.

Le service extraordinaire comporte au contraire un certain nombre de classes, variant suivant les localités et le luxe fourni. Dans chaque classe une réduction est opérée s'il s'agit de funérailles d'enfant.

Chaque classe enfin comporte des fournitures obligatoires ou facultatives, dont le prix sera payé à part.

Le service extérieur ordinaire ne comprend qu'une taxe fixe, prévue par l'article 2 du décret du 18 mai 1806. Représentant simplement le prix du transport et de l'inhumation, elle est souvent désignée sous le nom de droit d'inhumation, droit de fabrique, ou taxe municipale, si le service est aux mains de la commune.

Le prix des objets de luxe viendra s'ajouter, dans
chaque classe du service extérieur extraordinaire, à cette
taxe primitive. Il convient d'ajouter qu'en pratique, la
taxe des transports et inhumations est souvent elle-
même graduée par classe. Dans ce cas le produit plus
élevé des classes supérieures est considéré comme faisant compensation au produit moindre des dernières
classes, et à la gratuité des convois d'indigents.

L'élaboration des tarifs du service extérieur est traitée par une circulaire ministérielle du 5 mai 1852, et
par deux avis de jurisprudence administrative insérés
au « Bulletin du ministère de l'Intérieur », années 1860
et 1870.

Il est nécessaire de distinguer deux sortes de communes : 1° celles n'ayant ni entreprises ni marchés ; 2° celles
qui ont une entreprise, mais dans lesquelles le transport peut-être plus ou moins coûteux, suivant les circonstances.

Dans les premières, communes de faible importance,
le *mode* de transport est réglé par le maire. Quant aux
droits de la fabrique, ils n'existent pas en général. La
seule rétribution des porteurs est réglée par l'usage des
lieux.

Dans les secondes il y a encore lieu à réglementation
du mode de transport par le maire : ces arrêtés, de police pure, ne sont soumis à aucune espèce d'approbation.
Mais quant aux *tarifs* de transports, des marchés ou traités pourront être passés dans les formes ci-dessus, et
des tarifs seront dès lors appliqués. Il y aura lieu de les
faire homologuer comme pour le service intérieur, mais
cette fois sur rédaction du Conseil municipal, avis de
l'évêque et du Conseil de fabrique. L'approbation sera

donnée par le préfet, dans les villes ayant moins de trois millions de revenus.

Aucune taxe n'est perçue pour les inhumations d'indigents, mais l'indigence sera constatée par un certificat du Conseil municipal (D. 18 mai 1806, art. 4).

Un dernier produit figure au budget des fabriques se rattachant au service des inhumations, et classé sous un chapitre à part par les modèles des circulaires ministérielles (1). C'est le produit des cires non consumées.

La fabrique n'a pas droit au produit total des cierges, une moitié seulement lui appartient. Encore faut-il distinguer, aux termes du décret du 26 novembre 1813, les cierges portés par les membres du clergé, auxquels ils reviennent en propre. Le reste sera attribué par moitié aux ministres des cultes et à la fabrique.

Il y a là un produit en nature, devant figurer en argent au budget. Il y aura donc lieu à estimation d'après mercuriales ou dires d'experts, conformément à l'Instruction général des finances du 20 juin 1859.

Cette dernière nature de ressources clôt l'énumération des ressources *permanentes* du budget.

III

Les ressources accidentelles de paroisse se peuvent classer sous trois titres différents :

1° Subventions de toute nature ;

2° Remboursements de capitaux à différents titres ;

3° Emprunts.

Si nous nous référons à la nouvelle distinction de l'ordinaire et de l'extraordinaire aux termes du décret

(1) Cir. min. 30 mars 1893.

du 27 mars 1893, nous signalerons que ces deux dernières catégories auront toujours au budget extraordinaire leur place de droit. Quant aux subventions, elles y prendront rang suivant qu'elles auront ou non pour but de combler un déficit de revenus. Telles sont celles obligatoirement fournies par la commune qui, suppléant à l'insuffisance des revenus, ne sauraient se classer comme capitaux.

IV. — *Subventions*.

Elles peuvent être fournies par la commune, le département, l'Etat ou les particuliers.

1° *Du concours de la commune.* — On sait qu'elle importante innovation résulte en cette matière de la loi du 5 avril 1884, sauf toutefois pour les paroisses de Paris, restées sous le régime de la loi de 1837. La commune ne sera jamais tenue de concourir aux dépenses de l'Eglise que dans deux cas spéciaux, et déterminés : indemnité de logement, et grosses réparations. Et ce concours est-il encore subordonné à l'insuffisance de ressources, préalablement discutée. Il y a donc lieu de distinguer deux cas : concours facultatif ou concours obligatoire.

La commune peut toujours servir, à titre gracieux, une subvention à la paroisse, mais à charge de ne la servir que sur ses ressources ordinaires ; attendu d'une part, qu'elle ne peut s'imposer extraordinairement pour subvenir à des dépenses extraordinaires obligatoires, donc encore moins à des dépenses facultatives — et que, d'autre part la loi du 14 février 1810 qui permettait les impositions extraordinaires destinées à couvrir les dépenses du culte paroissial a été abrogée par l'article 168 de la loi municipale de 1884.

Il y aura lieu à mandatement sur la caisse municipale au nom du Trésorier.

Les règles sont autres si le concours de la commune est obligatoirement demandé, aux termes de la loi municipale, article 136.

La dépense n'est plus obligatoire que dans les deux hypothèses suivantes :

1° Indemnité de logement au curé ou desservant lorsqu'il n'existe pas de bâtiment affecté à cet objet, et lorsque la fabrique ne peut pourvoir elle-même au paiement de cette indemnité ;

2° Grosses réparations, sauf, lorsque les édifices *communaux* sont affectés au culte, l'application préalable des revenus et ressources disponibles des fabriques à ces réparations.

Deux conditions sont donc nécessaires : absence de ressources disponibles — et que les édifices soient communaux.

Une grave question s'est élevée sur le point de savoir quelles étaient les ressources disponibles des fabriques, et la jurisprudence a varié sur ce point.

Y doit-on comprendre seulement l'excédant de leurs revenus, ou doit-on faire entrer les capitaux dans le calcul d'insuffisance ?

Le Conseil d'Etat (2 juillet et 6 août 1884) avait d'abord déclaré qu'une commune ne saurait contraindre une fabrique à passer des aliénations pour subvenir aux dépenses sus-désignées. Il fût déclaré que « telle est la doctrine qui ressort de la discussion au Parlement ».

Cette jurisprudence a subi un retour en sens opposé. Une circulaire du Ministre des cultes du 30 novembre 1885 a déclaré « que les fabriques sont obligées, avant

de recourir aux communes pour les grands travaux, d'y
affecter non seulement leurs revenus, mais encore leurs
ressources disponibles, soit en rentes, soit en immeubles. Il n'en doit être conservé que la portion nécessaire
à l'acquit des charges dont ces immeubles se trouve-
raient grevés ». Car l'établissement ecclésiastique est
tenu en première ligne, la commune n'est tenue que
subsidiairement, après discussion du débiteur principal.

Si l'on considérait comme un capital frappé d'indis-
ponibilité les immeubles et rentes provenant de sources
diverses, et spécialement de placements, la contribution
de la fabrique serait donc illusoire, ne pouvant jamais
porter que sur les excédents budgétaires, hors de rapport avec l'importance des dépenses à effectuer. « Elle
aurait un moyen plus simple encore et plus économique
de se soustraire à toute contribution. Elle n'aurait qu'à
placer le produit de ces économies en rentes dont elle
capitaliserait les arrérages, à mettre en réserve les immeubles et rentes provenant de libéralités purement
gratuites, — et, si riche qu'elle fût, elle pourrait, en in-
voquant l'avis de la section de l'Intérieur, refuser d'employer aux dépenses de grosses réparations, qui lui incombent en première ligne, ses ressources accumulées,
et exiger d'une commune plus pauvre qu'elle l'exécution
des travaux nécessaires à la conservation des édifices
affectés aux cultes ».

Telle n'a pu être la pensée du législateur, et c'est une
idée toute différente qui ressort des travaux préparatoi-
res. On ne peut supposer que la loi de 1884, conçue
dans un esprit d'exonération des communes, et d'ailleurs
peu favorable aux fabriques, ait l'intention de faire

l'innovation d'une disposition rétrograde, contraire à la jurisprudence antérieure.

La discussion des possibilités de la fabrique doit donc porter sur l'ensemble de ses ressources, capitaux ou revenus libres. Il faut d'ailleurs se garder d'aller trop loin : les ressources libres sont celles qui dépassent les charges de la paroisse, parmi lesquelles figure en premier lieu le service du culte, pour lequel les fabriques sont expressément instituées, devant y pourvoir de leurs propres ressources.

Une autre disposition ressort en second lieu de la loi de 1884 : pour contribuer aux charges de la fabrique pour grosses réparations, il faut que l'édifice soit communal. Si donc la commune n'était pas propriétaire, nulle obligation ne lui incomberait (Becquet, *Répertoire*, art. Cultes).

En ce qui concerne l'indemnité de logement, les mêmes principes sont évidemment applicables ; une fabrique jouissant de revenus suffisants ne pourrait contraindre la commune à fournir l'indemnité.

Les réparations locatives et d'entretien sont toujours à la charge de la fabrique, et ne rentrent pas dans les cas ci-dessus exposés.

La subvention résultera d'un crédit accordé par le conseil municipal, mandaté par le maire. En cas de désaccord il sera statué par décret sur l'inscription d'office (l. 5 avril 1884, art. 136).

Le concours du Conseil municipal sera d'ailleurs obtenu sur communication des comptes et budgets appuyés de toutes pièces justificatives tendant à établir la réalité et la régularité des opérations portées aux comptes. Ce sont, pour les recettes, les titres mêmes de perception, baux, ordonnances, décrets et arrêtés préfectoraux autorisant l'acceptation des dons... Pour les dépenses, mandats conformes aux crédits, mémoires, certificats de réception, décomptes, décisions approbatives des travaux, quittances des créanciers... etc...

Concours du département et de l'Etat. — Sur demandes motivées, des subventions peuvent être allouées par les départements ; elles sont d'ailleurs purement facultatives, ainsi que celles accordées par l'Etat. La recette sera effectuée sur les mandats délivrés en vertu des crédits ouverts par le Conseil général, ou des décisions ministérielles.

Concours des particuliers. — Il peut résulter de dons et legs, ou de souscriptions. Les dons et legs, avec ou sans charges, sont ici des menus legs, dons et libéralités diverses, oblations volontaires, ne pouvant prendre place parmi les revenus périodiques. Ces dons, non productifs de revenus, se distinguent donc du chapitre du budget intitulé : « *produit* des biens dont l'acceptation a été autorisée depuis le 7 thermidor an XII », et dont les revenus deviennent pour l'avenir une source de revenus normale.

Ils se distinguent d'ailleurs des souscriptions.

Souscriptions. — « En cas d'ouverture de souscription par une fabrique pour la reconstruction de l'église paroissiale ou pour tous autres travaux, le contrat intervenu entre la fabrique et les souscripteurs n'est pas une donation entre vifs, mais un contrat administratif, relatif à l'exécution d'un travail public, commutatif de sa nature, et qui est parfait du jour où l'offre est acceptée par la personne ayant qualité à cet effet (1) ». La rétrac-

_____

(1) Becquet, *Répertoire. Cultes.*

tation signifiée par un souscripteur après la délibération d'acceptation serait de nul effet.

Le contrat de souscription est donc un contrat *sui generis,* ne rentrant pas dans la catégorie des donations, non soumis aux formalités des dons et legs. Pour savoir donc à qui sont les deniers, il suffit de voir qui a passé le contrat. S'il l'est par la commune, les deniers sont communaux et recouvrés par le receveur municipal. S'il est passé par la fabrique, ils sont la propriété de la fabrique contractante, ils ne peuvent être reçus valablement que par le trésorier, à peine de gestions occultes (avis C. d'Etat, 16 mars 1868). Seuls les représentants légaux de la fabrique ont qualité pour contracter en son nom.

V. — *Remboursements à divers titres.*

Doivent figurer sous ce titre les remboursements de capitaux, sommes non encore placées. Il y a là par conséquent une ressource aussi exceptionnelle que possible, extraordinaire, à quelque point de vue que l'on se place, et ne figurant la plupart du temps en recette que pour placements corrélatifs. Quoiqu'il en soit, ils sont d'abord encaissés par la caisse paroissiale, et constituent une recette effective, dont nous avons à étudier la régularité, de même que nous déterminerons à propos des dépenses quel est l'emploi régulier de ces deniers.

Cette catégorie d'encaissement se réfère à deux ordres d'idées :

Remboursements de créances,

Aliénations.

I. — *Remboursements de créances.* — Le remboursement des créances de la fabrique s'effectue suivant les règles du droit commun : le comptable doit poursuivre la rentrée de celles devenues exigibles. Il n'y a de règles spéciales que pour le remboursement des rentes.

Toutes rentes sont rachetables d'après la loi du 18 décembre 1790. Celui qui veut racheter une rente due à la paroisse doit observer certaines règles : 1° avertir le bureau dans la personne du trésorier ; 2° obtenir l'autorisation de l'autorité supérieure.

Une pétition sera donc adressée au préfet par l'intermédiaire du maire ou de la sous-préfecture ; signée du redevable, elle sera appuyée de l'avis du bureau. Y seront également joints la dernière quittance, et le titre lui-même.

L'évaluation d'une rente en nature sera faite sur la moyenne des quatorze dernières années, sans déduction des deux plus mauvaises, ainsi que des deux meilleures. L'avis du préfet et la certification du maire formeront titre de perception.

En cas de non-évaluation du capital au contrat, il est racheté au denier vingt.

Le capital évalué au titre sera restitué dans son intégrité.

II. — *Aliénations*. — Il ne s'agit ici que des aliénations à titre onéreux et à prix d'argent, les seules dont il reste trace au budget des recettes. Elles comprennent les ventes de biens meubles ou immeubles, les échanges avec soulte, et les transactions à prix d'argent.

Ventes. — Les fabriques ne peuvent aliéner qu'à titre onéreux. L'aliénation de leurs immeubles donne lieu aux mêmes formalités que les acquisitions, c'est-à-dire l'approbation du chef de l'État et de l'évêque. Aucun notaire ne devra passer l'acte s'il ne lui est justifié du décret d'autorisation. Deux formalités sont cependant exigées, en outre : une expertise contradictoire et l'engagement de l'acquéreur de payer le prix.

L'adjudication est la forme adoptée, et ne peut avoir lieu qu'avec concurrence et publicité. Il peut cependant être vendu à l'amiable, avec l'autorisation du gouvernement : 1° quand la valeur de l'immeuble est minime ; 2° quand il y a avantage évident ; 3° quand l'acquéreur est un établissement public (1). Et enfin quand il ne se présente pas de soumissionnaire.

L'adjudication n'est pas forcément faite par devant notaire. Une jurisprudence étend aux fabriques le mode d'adjudication des biens communaux par le maire (2).

Les différentes stipulations insérées au contrat et relatives aux échéances, à comptes, intérêts, etc... serviront de titre de recette (3).

Le prix doit être stipulé payable aux mains du Trésorier, ou du comptable (D. 28 avril 1891).

L'aliénation pourra avoir lieu par expropriation. Les cessions amiables seront-elles dans ce cas autorisées par le préfet, ou par décret ? Le préfet serait compétent aux termes des décisions ministérielles du 11 juin 1865, 8 janvier 1877. Par une décision du 8 juillet 1884, le Conseil d'Etat soutient la solution contraire, la matière du culte n'étant pas décentralisée.

Il y a lieu de distinguer, parmi les aliénations de biens meubles, les meubles meublants et les droits de créance.

L'aliénation d'un titre de rente ne peut être opérée

---

(1) Circ. 29 janvier 1831, 30 mars 1831. — 10 février 1835. — 20 mai 1863.

(2) Becquet, *Rép. Cultes*, 1524.

(3) L. 3 sept. 1867, art. 2. — C. Proc. 733. — Civil, 1654.

qu'en vertu d'une autorisation par décret. Aux termes de l'ordonnance du 14 janvier 1831 nul transfert ne sera effectué que sur justification de l'accomplissement de cette formalité, fournie au Directeur de la Dette.

Il en serait de même pour des créances sur simples particuliers, dont aucun notaire ne devra passer l'acte de cession s'il ne lui est justifié de l'autorisation préalable.

En ce qui concerne les ventes d'objets mobiliers, plusieurs distinctions doivent être faites. Sont déclarés inaliénables les objets classés comme artistiques et appartenant aux établissements publics (L. 30 mars 1887). Il y a lieu de mettre également à part les objets des églises, reportés aux inventaires visés par l'article 55 du décret de 1809. Aucun de ces objets ne peut être aliéné sans l'accord préalable de la fabrique, de la commune, et l'autorisation du préfet ou de l'autorité supérieure (Cir. 22 déc. 1882).

Une lettre du ministre de l'Intérieur du 12 juillet 1819 a déclaré que les bois et matériaux provenant de démolitions d'un édifice de la fabrique ne pouvaient être vendus que de l'avis de l'évêque avec autorisation du préfet.

Ces restrictions posées, la vente du mobilier des fabriques n'est réglée par aucune loi, aucun décret. On s'accorde généralement à le reconnaître aliénable sans autre formalité que le consentement de la fabrique (Déc. min., 24 janvier 1842. — 19 juillet 1844. — 16 mars 1848. — 20 août 1856).

Aux termes de la loi du 22 pluviôse an VII les ventes publiques d'objets mobiliers ne peuvent avoir lieu qu'en présence d'officiers publics ayant qualité pour y procéder. Deux décisions interprétatives de cette loi (1) ont donné qualité au maire ou à l'adjoint pour présider les enchères (Cir. 22 janvier 1883).

Les coupes de bois constituent une vente de meubles soumise à des règles particulières. Elles seront autorisées par le préfet ou le chef de l'État selon que ces bois seront ou non soumis au régime forestier. Les bois et futaies sont les seuls que le Code forestier astreigne à ce régime : ils sont d'ailleurs en petit nombre.

Il y aura lieu au contraire à simple autorisation préfectorale pour la coupe des arbres épars, plantés sur les différents terrains appartenant à la paroisse. L'aliénation en aura lieu suivant le droit commun.

Echanges avec soulte. — L'échange avec soulte fournira un encaissement au budget extraordinaire.

L'échange n'étant d'ailleurs qu'une aliénation suivie d'une acquisition, ne peut se faire que dans la forme de ces deux opérations, délibération du Conseil de fabrique, avis de l'évêque, et décret approbatif. Mentionnons encore l'expertise contradictoire, et l'engagement de l'acquéreur.

La soulte donne lieu au paiement de droits spéciaux d'enregistrement.

Transactions. — D'après l'article 2045 du Code civil, les établissements publics peuvent transiger avec autorisation du chef de l'Etat. Mais il faut se garder de confondre la transaction avec l'arbitrage qui leur est rigoureusement interdit.

La transaction doit être approuvée par l'autorité supérieure après délibération de la fabrique et avis du Con-

---

(1) 17 oct. 1809. — 16 avril 1811.

seil municipal, et l'évêque diocésain, ainsi que du Conseil de préfecture. Elle doit en outre être précédée de l'avis d'un comité de trois jurisconsultes (arrêté, 21 frimaire an XII), le tout à peine de nullité.

Toutes les transactions immobilières et les transactions mobilières au-dessus de 3000 francs sont autorisées par décret, sur avis préfectoral.

Le préfet autorise les transactions mobilières au-dessous de 3000 francs par arrêt délibéré en Conseil de préfecture.

Après l'approbation, la transaction sera passée devant notaire par le Trésorier et la partie qui transige. C'est au moyen de ce titre que le Trésorier poursuivra le recouvrement de la somme convenue.

VI. — *Emprunts*.

Il n'existe pas de dispositions formelles à l'égard des emprunts contractés par les fabriques. Mais les traditions de l'ancien droit (Déclaration 31 janvier 1698) et les principes généraux ont établi à cet endroit une jurisprudence administrative.

Tout le monde s'accorde pour reconnaître que les fabriques ne peuvent emprunter sans une autorisation donnée par décret (Cass., 18 juillet 1860. — C. d'Etat, avis 12 février 1891).

La délibération du Conseil de fabrique, l'avis de l'évêque et du Conseil municipal, du sous-préfet et du préfet, motiveront l'autorisation accordée. Les causes de la demande seront également justifiées (devis, condamnations, justifications des services faits... etc...), car il n'y a pas lieu à autoriser une fabrique à emprunter pour rembourser des dettes irrégulièrement contractées.)

Une fois l'autorisation obtenue, les fabriques pourront être admises à contracter avec le Crédit foncier, la Caisse des Dépôts, et même avec de simples particuliers (avis C. d'Etat, 27 mai 1811).

Suivant Bost les emprunts doivent être dans ce dernier cas contractés par publicité et concurrence suivant un cahier des charges. — Les recouvrements sont effectués par le comptable d'après les titres constitutifs de l'emprunt, dans les formes déterminées.

VII

Telles sont les ressources exceptionnelles de la fabrique. Un titre spécial reçoit les « autres ressources exceptionnelles » essentiellement locales et variables. Elles figurent soit à l'ordinaire soit à l'extraordinaire, suivant les distinctions du décret du 27 mars 1893.

Mais quelle que soit la base adoptée pour la détermination de l'extraordinaire, la première recette ordinaire sera toujours le résultat de l'exercice clos, s'il est soldé par excédents. Ce reliquat est trop souvent employé à couvrir de menues dépenses non autorisées ; la circulaire du 21 novembre 1879 rappelle à cet effet les prescriptions de l'article 82 du décret de 1809 : « le reliquat d'un compte formera toujours le premier article du compte suivant ».

C'est d'après les règles précédentes que seront établis et créés les droits dont le budget votera la perception.

Une étude semblable doit être faite en ce qui concerne les dépenses. Comment naîtront régulièrement les droits imputables sur les crédits ouverts ? Tel sera l'objet du chapitre II.

CHAPITRE II

Pour les diviser en dépenses ordinaires et extraordinaires, c'est ici surtout que nous nous réfèrerons aux distinctions antérieures au décret de 1893. Il s'agira donc des dépenses annuelles et permanentes, par opposition à toutes autres à titre exceptionnel. Car c'est d'après cette distinction que se doit déterminer la compétence et les formalités relatives à l'exécution des services, ainsi qu'il sera ultérieurement expliqué (1). Les pouvoirs des marguilliers en matière de dépense varient suivant qu'elles sont ou non accidentelles, et par rapport à un chiffre donné.

1. — Dépenses ordinaires ou permanentes.

Les dépenses permanentes se rapportent, comme les dépenses exceptionnelles, aux frais du culte, travaux effectués, et certaines catégories de charges ou dettes de la paroisse.

Frais du culte. — Ils comprennent les services du personnel et ceux du matériel.

Le service ordinaire du matériel comprend les dépen-

(1) Cf. infrà, Titre III, chap. II, 2°.

ses dites *intérieures*, relatives à l'entretien et à la conservation du mobilier, ainsi qu'aux objets de consommation. « Il sera présenté chaque année au bureau, par
le curé ou desservant, un état par aperçu des dépenses
nécessaires à l'exercice du culte, soit pour les objets de
consommation, soit pour réparation et entretien d'ornements, meubles et ustensiles de l'église » (D. 1809).

La circulaire du 21 novembre 1879 comprend d'abord
sous un premier chapitre ce qui est relatif aux objets de
consommation, pain, vin, huile, sel, encens et divers,
sous articles spéciaux.

Les dépenses intérieures comprennent en second lieu
les frais *d'entretien* du mobilier, ornements et ustensiles
d'église (D. 1809, art. 46).

Les crédits ouverts au budget permettront d'exécuter
ces dépenses conformément aux règlements. Toutes ces
fournitures seront conformes aux règles canoniques. Ces
dépenses, effectuées conformément aux règles qui seront
ultérieurement décrites à propos de l'exécution budgétaire, se rapportent non seulement au service paroissial
des fêtes et dimanches, mais encore aux différents offices publics de chaque jour. Les frais de célébration des
services religieux ordonnés par le gouvernement sont
des dépenses obligatoires du culte également supportées
par la fabrique.

Le salaire des officiers et serviteurs de l'église ne
constituent plus les dépenses dites *intérieures*. Ce sont
les dépenses du personnel. Leur droit au salaire résulte
de leur institution régulière et des services effectués.

La nomination des organistes, sacristains, suisses,
chantres et autres officiers, est opérée dans les villes
par le bureau des marguilliers sur la proposition du curé

ou desservant. Mais le Conseil fixe le chiffre de leur traitement.

Dans les communes rurales au contraire, ils sont nommés par le curé, desservant, ou vicaire.

Rentrent également dans les dépenses du personnel les traitements des vicaires régulièrement institués, prêtres habitués, ainsi que les honoraires des prédicateurs.

Désormais rétribués par les fabriques (l. 1884) dans les villes de moins de 5000 habitants les vicaires sont nommés par l'évêque, après délibération de la fabrique, et avis du Conseil municipal.

En dehors du traitement des vicaires, la fabrique peut allouer des indemnités aux prêtres habitués agréés par le curé. Il en est de même pour les prédicateurs. Mais il faut remarquer que cette dernière dépense étant à titre extraordinaire, le bureau n'est plus juge exclusif ni de la somme à allouer, ni même de l'initiative de la dépense. Ainsi qu'il sera vu plus loin, le concours exprès et extrabudgétaire du Conseil de fabrique devra être exigé toutes les fois que la dépense dépassera 100 francs dans les paroisses supérieures à 1000 âmes, et 50 francs dans les autres.

Se rattache encore aux dépenses ordinaires du personnel le logement du desservant s'il n'y a pas de presbytère. La dépense est alors à la charge de la fabrique, ou de la commune, subsidiairement.

Travaux. — Il s'agit ici des réparations locatives de l'église, sacristies, déterminées d'après les principes ordinaires du Code civil.

Elles sont forcément précédées d'un vote budgétaire, mais leur exécution exige des formalités différentes suivant qu'elles sont au-dessus ou au-dessous de 100 francs,

et même de 50 francs dans les petites communes. Toute
une législation spéciale résulte en effet du décret de 1809
relativement à l'exécution des réparations, dont il sera
traité à propos de l'exécution budgétaire.

Charges. — La troisième catégorie de dépenses ordinaires est relative à diverses charges et dettes de la fabrique.

Il y a d'abord les charges des fondations, qui seront
exécutées dans le temps, le lieu et les formes résultant
du titre.

La totalité des honoraires doit être acquittée au prêtre
désigné, la fabrique ne pouvant retenir que la part qui
lui est destinée.

Si la somme léguée est supérieure au prix des services religieux, sans détermination de la rétribution du
ministre, celui-ci n'aura droit qu'aux chiffres du tarif.
S'il est stipulé que l'ecclésiastique aurait droit à plus,
« cette disposition serait de nature à être sérieusement
contestée. Car s'il s'agissait d'un legs fait à un ecclésiastique innomé, ou à une suite d'ecclésiastiques, il serait
nul. On ne peut léguer qu'à une personne certaine, à une
fabrique, à une cure, non à une suite d'ecclésiastiques
indéterminés (Av. C. d'Etat, 21 fructidor an XIV, l.
18 germinal an X. *J. des fabriques*, t. II, p. 356) ». Gaudry, t. II.

S'il y a au contraire lieu à réduction, elle ne peut être
opérée que par l'évêque (D. 1809, art. 29).

Les versements seront effectués au titulaire désigné, à
son défaut, au curé par préférence.

Afin que l'on puisse vérifier l'accomplissement régulier de ces charges, les fondations seront portées au
sommier de la paroisse, et un extrait sera affiché dans

la sacristie. Le curé rendra d'ailleurs au bureau un compte trimestriel des fondations effectuées.

Les charges des biens peuvent encore résulter de rentes dues à des particuliers, d'après les titres constitutifs. Quant aux impôts, les fabriques, dispensées de la contribution des portes et fenêtres doivent acquitter la taxe des biens de mainmorte.

Il faut noter en passant les dépenses d'entretien des cimetières. La circulaire ministérielle du 15 mai 1844 en dispense les fabriques, les considérant comme corrélative de l'attribution des produits spontanés. La Cour de cassation contredit cette doctrine. L'entretien des cimetières serait une compensation du monopole des pompes funèbres, et non pas des produits spontanés, supprimés aux fabriques par la loi de 1884 (Cass., 30 mai 1888).

Se rapportent aux frais d'administration les dépenses de toute nature, frais d'expertises, honoraires, enregistrement..., et spécialement les remises au percepteur ou receveur spécial, d'après l'article 14 du décret du 28 mars 1893. Ces remises se calculent sur les recettes ordinaires et extraordinaires, d'après un tarif décroissant (1).

Une contribution de 1/6 du produit de la location des places doit être servie pour former un fonds de secours au profit des prêtres âgés ou infirmes.

---

(1) Calculées à raison de :

Sur les premiers 5.000 francs.	4 » 0/0
Sur les 25.000 francs suivants	3 » 0/0
Sur les 70.000 francs suivants	1,50 0/0
Sur les 100.000 francs suivants jusqu'à 1 million.	0,66 0/0
Au delà de 1 million.	0,24 0/0

Ce prélèvement est calculé sur le revenu net, déduction faite des frais d'achats et renouvellement (Lettre M. des cultes 24 avril 1878).

Fixé à 1/6 par le décret du 13 thermidor an XIII, ce prélèvement peut être abaissé à moins, 1/10 par exemple. Les règlements épiscopaux sont approuvés par décret.

Telle est l'origine des caisses des retraites diocésaines fonctionnant sous la surveillance d'un Conseil d'administration et de l'évêque diocésain.

Enfin un chapitre pour dépenses imprévues permet l'imputation des dépenses échappées aux prévisions budgétaires.

II. — Dépenses extraordinaires ou accidentelles.

Elles se rapportent aux travaux, frais exceptionnels du culte, dettes et acquisitions.

Travaux.

Les grosses réparations sont déterminées d'après le droit commun. Sont considérées comme dépassant l'administration des biens des mineurs, nécessitant par conséquent la délibération du Conseil de fabrique, les réparations de 50 à 100 francs dans les paroisses au-dessous de 1000 âmes, et de 100 à 200 francs dans les paroisses supérieures (1).

Au-dessus de ces sommes, mais au-dessous de 20.000 francs, l'approbation préfectorale est exigée, si la fabrique y pourvoit avec ses revenus libres.

(1) V. Infrà, Titre III, ch. II, 2°.

Au cas contraire, ou au-dessus de 20.000 francs il sera statué par le ministre des cultes (D. 1809, art. 42 et ss. — Ord. 18 août 1821).

En cas de recours à la commune, une délibération du Conseil de la fabrique est adressée au préfet, pour qu'il soit pourvu aux frais, suivant la procédure d'usage.

La direction des travaux appartient à la commune si elle paie la majeure partie de la dépense, mais sous la surveillance de la fabrique. Elle appartient au cas contraire à la fabrique, sous la surveillance de l'autorité municipale. Si le concours pécuniaire se partage également, le maire dirigera les travaux sous la surveillance du Conseil de fabrique (C. d'État, 26 février 1870. Lettre M. cultes, 18 juillet 1859..... etc...).

Les fonds appartiennent à la caisse de celui qui dirige les travaux (1).

Une fois la dépense approuvée, si nous la supposons effectuée par la fabrique, il y a lieu de procéder à l'adjudication aux enchères, après trois affiches de huitaine en huitaine. Elle ne sera définitive qu'après l'approbation préfectorale. Elle peut être publique, et au rabais, ou sur soumissions cachetées, ou par simple soumission d'un entrepreneur agréé par l'administration, au bas des devis de l'architecte. Les réparations inférieures à 50 ou 100 francs suivant les distinctions des articles 12 et 42 du décret de 1809 seront effectuées par économie et par le bureau lui-même.

Le bureau, ou le conseil, ou le préfet, ou le ministre, choisissent le mode le plus avantageux.

Rentrent dans la catégorie des grosses réparations les

(1) Répertoire de Becquet, art. cultes.

embellissements de l'église, d'ailleurs non obligatoires pour les communes. Il y a lieu par conséquent à l'application des règles précédentes.

Dépenses exceptionnelles du culte. — Sont également classées dans les dépenses extraordinaires les acquisitions de vases sacrés, linges, meubles pour l'exercice du culte. Elles forment l'objet de deux chapitres distincts : 1° achats indispensables ; 2° achats de luxe.

Lorsqu'elles sont qualifiées d'exceptionnelles et qu'elles dépassent, chacune prise isolément, 50 francs dans les paroisses au-dessous de 1000 habitants, et 100 fr. dans les autres (D. 1809, art. 12), elles doivent faire l'objet d'une délibération spéciale du bureau, en dehors de toute ouverture de crédits (Gaudry, t. III, 1074) (1).

La même observation doit être faite en ce qui concerne les « achats de draps ou tentures pour funérailles » et le « matériel des pompes funèbres ».

Comment sont passés ces achats ? Le silence des textes a fait naître de nombreuses divergences d'opinions.

De l'article 35 du décret de 1809 il résulte en premier lieu que les achats ordinaires des objets de consommation (*dépenses intérieures*), ne nécessitent aucune espèce d'autorisation.

Mais pour les dépenses au-dessus du chiffre ci-dessus indiqué ?

D'après Becquet (Cultes, 1553), l'autorisation deviendrait nécessaire quand il s'agirait d'employer les excédents de recettes dépassant l'acquit des charges ordinaires, d'après l'article 63 du décret de 1809, et l'avis du Conseil d'État de 1808. Il y aurait donc lieu d'exa-

____

(1) Cf. *infrà*, titre IIIe, chap. II, 2°.

miner pour la passation de l'acte l'origine des deniers, et d'appliquer les règles de l'emploi des excédents budgétaires. Il en serait de même de l'emploi en achats de meubles des capitaux remboursés.

Campion soutient au contraire qu'il n'y a jamais besoin d'autorisation, sauf celle de l'évêque (Affre, *id.*).

Gaudry ne demande que l'autorisation du Conseil de fabrique.

Vuillefroy, sans admettre de distinction, et s'appuyant laconiquement sur des textes non commentés, demande toujours l'autorisation par décret rendu en Conseil d'État.

Nous commençons par éliminer cette opinion absolue, qui ne distingue pas là où tout doit résulter de distinctions.

Nous écartons également le cas où les acquisitions sont opérées au moyen de capitaux remboursés, car il est alors certain que les règles de l'emploi s'appliquent pleinement et entièrement.

Mais au cas où les achats ne résultent que d'excédents de recettes budgétaires ? Une distinction doit être faite suivant que les excédents sont ceux de l'exercice clos, ou de l'exercice courant.

Quant à ce qui concerne les excédents des exercices antérieurs, la question est résolue d'avance. Ils doivent, une fois constatés être employés conformément aux lois et règlements c'est-à-dire suivant les indications de l'autorité supérieure.

Mais pour les achats opérés sur les excédents normaux de l'exercice en cours ?

Rien ne justifie alors la nécessité de l'autorisation, car nul texte n'a fait d'exception. En second lieu, il n'y

a pas à les considérer comme des excédents budgétaires,
et c'est là que gît l'erreur. Qu'est-ce en effet qu'un excédent budgétaire ? C'est le résultat définitif d'un exercice expiré et régulièrement clos. Or, tant que l'exercice
n'est pas clos, comment peut-on savoir s'il y a ou non
excédent budgétaire ? Il faudrait alors attendre le résultat de l'exercice, ce qui est le contraire de notre hypothèse.

Ces sortes d'achat sont donc soumis aux règles ordinaires. Ils seront effectués par le bureau dans les formes
de l'article 12, qu'on a eu tort d'oublier. Il faudra donc
examiner s'ils dépassent ou non 50 ou 100 francs, suivant les villes. Les articles 55, 27 et 28 s'appliquent
pleinement, et les achats sont faits par le trésorier d'a-
près les marchés signés par le bureau, et après la délibération du conseil.

Il ne nous reste plus à voir que deux catégories de
dépenses exceptionnelles :

1° Solde de la dette ;

2° Acquisitions et emplois.

III. — Acquisitions et emplois.

Les fabriques ne peuvent acquérir qu'à titre onéreux.
C'est le premier principe de tout emploi de fonds.

Ces acquisitions ne peuvent être passées qu'avec autorisation.

Les achats d'immeubles nécessitent en outre la délibération du Conseil, l'avis du Conseil municipal, du sous-
préfet, de l'évêque et du préfet, une enquête *de commodo*, et l'engagement du vendeur.

Aucun notaire ne peut passer l'acte s'il ne lui est justifié du décret d'autorisation (Ord. 14 janvier 1831).

L'acte d'ailleurs passé soit devant notaire, ou dans la forme administrative, les règles du droit commun s'appliquent, et il sera justifié de la purge des privilèges et hypothèques.

Le paiement du prix d'acquisition, effectué entre les mains du vendeur ne peut avoir lieu qu'après réception du certificat constatant la transcription au bureau des hypothèques, et la non existence d'inscriptions. Si des hypothèques sont demeurées, le paiement du prix sera fait à la Caisse des dépôts, sur une copie de l'ordre ministériel de consignation, et sur la production de l'état des inscriptions et des oppositions signifiées au trésorier (Civ. 1593).

Une fabrique ne peut, comme tout établissement public, recourir à l'expropriation qu'en vertu d'une autorisation, suivant les règles adoptées par les communes.

Emplois. — Les fabriques doivent faire emploi de leurs fonds disponibles, ainsi que des dons et legs dont l'emploi n'est pas déterminé, soultes d'échanges, prix de ventes, et revenus non employés.

Après variations de la législation, c'est avec l'autorisation de l'autorité supérieure qu'elles doivent définitivement employer leurs fonds, et en rentes sur l'Etat.

Les placements sur particuliers ne sont qu'exceptionnellement autorisés.

Les achats d'obligations foncières sont permis aux fabriques depuis 1866. Mais l'autorité reste libre de prescrire l'emploi en rentes sur l'Etat.

Enfin aux termes d'une circulaire du 6 mai 1881, l'emploi doit être fait en titres nominatifs. Les valeurs au porteur leur sont donc expressément défendues.

En vertu d'une décision du Ministre des finances du 18 janvier 1882, les fabriques peuvent déposer aux Caisses d'épargne leurs fonds disponibles jusqu'à concurrence de 8000 francs. Le décret du 27 mars 1893, en faisant des fabriques des correspondants du Trésor, et les admettant à y verser leurs fonds, semble avoir implicitement rapporté cette disposition (1).

IV. — Solde de la dette.

Les établissements publics ne peuvent être exécutés judiciairement. Car l'aliénation de leurs biens étant soumise à des règles particulières, toute saisie serait un mode détourné d'aliénation.

Le créancier d'une fabrique devra d'abord se pourvoir près du conseil pour obtenir l'ouverture d'un crédit par voie budgétaire ; en cas de refus, les titres même exécutoires ne peuvent donner lieu à saisie. Il ne pourra obtenir son paiement que d'après la procédure spéciale de l'inscription d'office, établie d'ailleurs par l'article 22 du décret du 27 mars 1893.

« Les deniers des fabriques sont insaisissables... sauf aux créanciers pourvus d'un titre exécutoire, à défaut de décision épiscopale de nature à leur en assurer le paiement, à se pourvoir devant le Ministre des cultes à fin d'inscription d'office. La décision du Ministre des

---

(1) Marquès di Braga et Tissier, *Manuel théorique et pratique de la comptabilité des fabriques*, mai 1893, p. 158.

cultes est communiquée à l'évêque qui règle le budget en conséquence de cette décision. Si l'évêque ne règle pas le budget dans un délai de deux mois, à partir de cette communication, ou s'il ne tient pas compte de la décision du Ministre, le budget est définitivement réglé par décret en conseil d'Etat. En cas de refus d'ordonnancement, il est prononcé par le Ministre des cultes, et l'arrêté ministériel tient lieu de mandat ».

Il faut donc :

1° Qu'il s'agisse d'une créance régulière ;

2° Que le créancier soit pourvu d'un titre exécutoire.

La décision ministérielle tient lieu de mandat. Mais si le trésorier se refusait à payer ?

Il y a lieu alors à une action personnelle contre le trésorier qui ne peut se refuser à payer une dépense régulièrement mandatée. Ce ne serait donc plus une poursuite contre la fabrique.

Ce que nous venons de dire s'applique au cas où la fabrique a des deniers pour payer. Autrement une procédure spéciale s'ouvrirait pour que la dette fut mise à la charge de la commune, s'il y avait lieu. Au cas contraire, le créancier devrait recourir à l'autorisation ministérielle pour une aliénation d'office des biens meubles ou immeubles. Mais les immeubles grevés de fondations sont le gage privilégié de la volonté du fondateur.

CHAPITRE III

Ce n'est que sur les recettes recouvrables d'après les règles que nous avons indiquées, et sur les dépenses exigibles d'après des conditions semblables, que le vote budgétaire pourra intervenir avec efficacité.

Car il autorise la perception des recettes justement établies, et nous avons vu quelles règles président à leur régulier établissement.

Et s'il ouvre des crédits, ce n'est que pour le paiement des créances régulièrement nées, et nous savons ce qu'il faut à une créance pour former titre régulier sur la caisse paroissiale.

L'efficacité de l'acte budgétaire ne sera dès lors plus contestable, pourvu que cet acte soit régulier lui-même.

Préparé par le bureau des marguilliers dans le premier dimanche de mars, ce sera le premier dimanche après Pâques que le budget sera soumis au Conseil de fabrique, aux termes de l'ordonnance du 12 janvier 1825.

Le Conseil de fabrique examine, discute, et vote le budget suivant les distinctions établies au titre Ier. Le vote est effectué à la majorité des voix, et en cas de partage, celle du Président est prépondérante.

Il y aura lieu alors à soumettre le projet au Conseil municipal qui fera adresser à l'évêque, par l'intermédiaire du Préfet, telles observations que de droit.

Et c'est l'évêque, qui, après avoir donné son approbation et le règlement définitif, donnera au budget de la
fabrique sa possibilité d'exécution.

Il est à remarquer que le budget préparé et voté à
Quasimodo, précède de neuf mois son exécution effective. Ce délai, fâcheux pour l'exactitude des évaluations,
se trouve au contraire avantageux pour le report des
résultats d'exercice clos, et les demandes de subventions
à la commune, dont la session budgétaire aura lieu quelques semaines après.

Enfin, quant à la portée du vote, la perception des revenus et l'exécution des dépenses ne sont autorisées
que pour une période annuelle, ainsi qu'il sera dit en
parlant de l'exécution budgétaire, et de la période de
l'exercice.

CHAPITRE IV

I

Il peut se produire dans le long intervalle du vote à l'exécution budgétaire des faits de diverse nature nécessitant une modification. Pour parer à cette éventualité il était d'usage dans les paroisses importantes, de dresser, indépendamment au budget primitif, un budget supplémentaire ou des articles additionnels, votés également le dimanche de la *Quasimodo*, mais dans l'année même qui donne son nom à l'exercice. Cette disposition est maintenant consacrée par le décret du 27 mars 1893, article 19. La nécessité de ce budget additionnel est en effet impérieusement appelée par les règles de la comptabilité, ne fût-ce que pour le report des résultats au précédent exercice.

Le budget supplémentaire est soumis aux mêmes règles que le budget primitif, avis du Conseil municipal et règlement par l'évêque.

Il en serait de même des autorisations spéciales qui pourraient, en cours d'exercice, être consenties pour dépenses urgentes, en dehors des sessions de Pâques. Il ne faut pas en effet que sous prétexte d'imprévu on puisse soustraire des dépenses importantes au contrôle et à la surveillance des autorités budgétaires.

II

Le budget doit appliquer la totalité des recettes à la totalité des dépenses. C'est le principe de l'universalité.

III

Forme. — Le reliquat d'un exercice doit toujours former le premier chapitre du budget du suivant exercice.

La circulaire du 21 novembre 1879 signale cette nécessité, tout en constatant que l'absence de chapitres additionnels rendait souvent impossible l'accomplissement de cette formalité, édictée par l'article 82 du décret de 1809 : « Le reliquat d'un compte formera toujours le premier article du compte suivant ».

« Mais les fabriques à la différence des communes ne dressant pas de budget supplémentaire, ou chapitres additionnels, les résultats des exercices clos ne peuvent être immédiatement reportés, comme en matière communale, au budget déjà réglé et en cours d'exercice depuis trois mois, au moment de la reddition du compte. Certaines fabriques, imitant les quelques communes dispensées de fournir un budget supplémentaire, reportent seulement le résultat au budget en préparation pour l'année suivante. Outre que ces bonis devraient par suite rester en caisse sans être utilisés ni porter intérêt pendant près de neuf mois, trop souvent, pendant ce laps de temps, ils sont employés à combler de menues dépenses, de manière à ce qu'au moment où commence l'exercice du budget auquel ils figurent ils ont déjà en partie reçu une destination. C'est là une pratique légalement condamnée par l'article 82 déjà cité, puisqu'en figurant au budget de l'exercice suivant, les résultats dont il s'agit ne peuvent plus prendre place qu'au compte qui sera présenté deux années plus tard, et non, comme le veut la disposition précitée, au compte qui suit immédiatement celui dont ils proviennent(1) ».

Cette anomalie disparaîtra d'ailleurs des nouvelles comptabilités, car aux termes de l'article 19 du nouveau règlement : « Le budget est voté à la session de Quasimodo prévue par l'ordonnance du 12 janvier 1825. A la même session sont votés les chapitres additionnels correspondant à l'exercice en cours ». Figureront donc en tête des budgets les résultats de l'exercice clos.

Ce résultat peut d'ailleurs être actif ou passif. Il y a lieu à report de *bonis*, report de déficits.

« Théoriquement, les budgets étant toujours présumés se régler en équilibre, et les dépenses non inscrites au budget ne devant être autorisées qu'à concurrence des ressources libres et réalisées, les comptes résumant les recettes et les dépenses doivent toujours se régler en excédent de recettes : c'est pour ce motif que l'article 82 du décret précité emploie le mot de reliquat. Toutefois dans la pratique lorsque les recouvrements prévus n'ont pas été effectués, et que les dépenses autorisées et faites ont dû être soldées des fonds du nouvel exercice, ces comptes peuvent présenter un déficit, qui, comme le *boni*, vient prendre place au compte de l'exercice suivant, en tête du chapitre des dépenses (même circulaire).

Comme toutes les personnes administratives inférieures, en effet, les fabriques n'ont pas de ressources en

_____

(1) Circ. minist., 21 novembre 1879.

dehors de leur budget. Le déficit d'un budget est applicable à un autre.

Bien que ne possédant pas de ressources extra-bud-
gétaires, il y a lieu d'ouvrir à la suite des comptes, un
chapitre spécial, de recette et de dépense sous le nom
d'opérations hors budget (décret 1893, art. 24.)

Les recettes et dépenses hors budget comprennent les
encaissements et reversements qui ne sont pas pour le
compte de la paroisse, ou non afférents à l'exercice. Le
principe de la description de ces opérations sur borde-
reau spécial résulte de celui de l'unité de caisse, posé
par le décret du 31 mai 1862. Or tout encaissement,
tout reversement de ce genre influant sur la caisse, sur
la situation de laquelle sont appuyés les comptes, la nécessité d'en passer écriture résulte du principe en question.

Rentreront dans les recettes de ce genre tout ce qui
sera déposé en la caisse de la fabrique à charge de reversement, dépôts de fonds, consignations pour travaux, produits d'emprunts non immédiatement affectés
aux budgets ; les recettes faites avant l'ouverture de
l'exercice... etc... Il en sera de même des oblations perçues pour le compte des membres du clergé. Une part
du produit total leur revenant, l'autre revient à la fabrique. La perception du tout peut être faite par le trésorier, mais il ne sera fait recette budgétaire que de la
part revenant à l'église. Le reste sera porté au compte
spécial des opérations hors budget, sauf reversement à
qui de droit (D. 1893, art. 24).

IV

Budget ordinaire et extraordinaire. — Dépenses obligatoires et facultatives.

Une notable innovation a été consommée par le décret du 27 mars 1893, en ce qui concerne la distinction de l'ordinaire et de l'extraordinaire. Une différence importante en résulte au point de vue de l'assimilation au régime des communes et établissements de bienfaisance.

Aux termes de l'article 18 du nouveau décret, le budget de la fabrique est divisé en budget ordinaire et budget extraordinaire. Ce dernier, ajoute le texte, « comprend la recette et l'emploi de *capitaux* provenant de dons et legs, d'emprunts, d'aliénations et de remboursements, de coupes extraordinaires de bois, et de toutes autres ressources exceptionnelles ». Formeront donc budget ordinaire la recette et l'emploi de tous autres deniers.

Il est donc déterminé que seront portées en recettes ordinaires toutes recettes de *revenus*, sans s'arrêter au point de savoir s'ils ont un caractère de permanence, ou celui d'une rentrée exceptionnelle. En recettes extraordinaires au contraire toutes rentrées de capitaux.

Corrélativement en dépenses figureront les mêmes distinctions. Car leur caractère exceptionnel ou normal n'entre plus en ligne de compte. On s'attache uniquement, pour les classes, au point de savoir si elles emportent ou non consommation de revenus.

Budget sur revenus, budget sur capitaux, telle est la

nouvelle distinction de l'ordinaire ou de l'extraordinaire (1).

A ne prendre que l'apparence de cette réforme, elle
réalise sur la précédente classification un progrès déterminé ; car le caractère permanent ou accidentel des recettes, et surtout des dépenses, a toujours formé, pour
la séparation de l'ordinaire et de l'extraordinaire, un
terrain fertile en difficultés d'application (2).

Mais d'un autre côté, en ce qui concerne spécialement
l'organisation des fabriques, il ne semble pas que les
auteurs du décret du 27 mars 1893 aient prévu la confusion qu'ils allaient introduire en ces matières.

Si en effet la nouvelle distinction est applicable en ce
qui concerne les budgets et les comptes ; si d'après cette
nouvelle détermination des recettes ordinaires, la compétence du juge des comptes est plus facile à préciser,
il n'en demeure pas moins constant qu'à côté de la nou-

(1) Marques di Braga et Tissier, *Manuel théorique et pratique de la
comptabilité des fabriques*. Paris, Paul Dupont, mai 1893.

(2) Au moment de mettre sous presse, l'apparition du *Manuel
théorique et pratique de la comptabilité des fabriques* par Marquès
di Braga et Th. Tissier (Paris, Paul Dupont, mai 1893), nous révèle
une divergence d'appréciation relativement à la nouvelle décision de
l'ordinaire et de l'extraordinaire.

Malgré toute l'autorité attachée au nom du savant auteur du « Traité
des obligations et de la responsabilité des comptables publics », nous
ne pouvons nous associer à lui pour trouver heureuse l'innovation
de cette forme comptable.

Outre les motifs que nous en donnons plus loin, il est nécessaire
de remarquer que la simplification d'examen au profit des conseils
municipaux se trouve contrebalancée par une confusion corrélative
pour le juge des comptes, et résultant de la dualité des distinctions.

Notons enfin que cette innovation semble devoir, par le grossisse-
ment des revenus dits ordinaires, charger la Cour des comptes au
détriment des Conseils de Préfecture.

velle division en ressources et dépenses ordinaires et
extraordinaires, l'ancienne devra subsister.

Car ainsi que nous le verrons plus loin, pour tout ce
qui se réfère à l'organisation des services d'après le décret de 1809, notamment pour les pouvoirs respectifs
du bureau et du Conseil en matière de dépenses et de
réparations, la législation primitive distingue les dépenses ordinaires d'après une toute autre méthode. On
s'attache en effet au vrai caractère de l'impense, c'est-
à-dire au point de savoir si elle offre le caractère normal ou exceptionnel. Or il est certain que ces distinctions
doivent de leur côté être maintenues. Car rien de ce qui
concerne l'exécution des services, et la compétence du
bureau ou du Conseil, ne ressort de la comptabilité au
sens technique du mot. Il s'agit là de l'organisation des
fabriques, qui ne saurait recevoir de modification par
règlements comptables. Et l'autorité réglementaire du
27 mars 1893 ne tient pas de la loi (l. de finances, 26 janvier 1892) le pouvoir de toucher à cette législation,
qu'elle est d'ailleurs impuissante à modifier par elle-
même. Car aux termes de l'article 78 de la loi de finances précitée : « A partir du 1er janvier 1893 les comptes
et budgets des fabriques et consistoires seront soumis à
toutes les règles de la comptabilité des autres établissements publics. — Un règlement d'administration publique déterminera les conditions d'application de cette
mesure ». Il ne s'agit donc là que des budgets et comptes, nullement de la compétence des autorités.

Ce ne sera donc pas à la distinction créée par le décret de 1893 qu'il se faudra reporter dans ce cas pour
reconnaître la régularité d'un service fait, mais bien à
celle visée par le législateur de 1809.

Il y aura donc deux divisions de l'ordinaire, et de l'extraordinaire, suivant les cas :

1° La division budgétaire, indépendante de la nature des opérations, simplement basée sur le point de savoir s'il y a service sur capital, ou sur revenus. Elle servira principalement à déterminer la compétence du juge des comptes.

2° La division de 1809, la seule logique d'ailleurs, classant suivant leurs vrais caractères les opérations effectuées, et d'après laquelle seront ordinaires tout celles normales, extraordinaires toutes autres à titre accidentel.

Il y aura lieu, pour la détermination de compétence des représentants de la paroisse, de se référer à cette seconde distinction, suivant laquelle nous avons précédemment groupé les ressources et charges de la fabrique (1).

Que si l'on veut déterminer au contraire la division du budget, figureront aux ressources ordinaires tous produits à titre de revenus, quoique peut-être exceptionnels, telles par exemple les subventions communales. En dépense ordinaire également toutes celles ne dépassant pas ces ressources, offrissent-elles un caractère absolument exceptionnel. Mais la limite des revenus formera celle de la dépense ordinaire. Ces deux chapitres sont en fonction l'un de l'autre, le second ne pouvant dépasser le chiffre du premier.

Tandis qu'en recette extraordinaire figureront seulement toutes rentrées de capitaux, dont l'emploi constituera une dépense de même nom.

_____

(1) V. ci-dessus, Titre II, p. 98, 127, 139 et 140.

Nous doutons que cette regrettable confusion, par
dualité de vocables, ait été prévue du rédacteur du
27 mars 1893. Il est facile de voir à quelles difficultés
elle peut donner ouverture en pratique. Une nouvelle
terminologie s'imposerait presque : l'on dirait ordinaire
ou extraordinaire toutes opérations classées telles au
budget : et parallèlement à cette division, il y aurait lieu
de classer comme normales ou exceptionnelles, suivant
leur vrai caractère, les mêmes opérations. Et la fic-
tion précitée ne constituerait qu'une forme toute artifi-
cielle.

Quoiqu'il en soit elle doit être tenue pour régulière.
Mentionnons en passant l'innovation considérable qu'elle
apporte dans nos comptabilités secondaires, par son
caractère artificiel. Une critique impartiale ne la saurait trouver heureuse, vis-à-vis de la pratique. Elle porte
essentiellement les symptômes révélateurs de toutes législations hâtives.

La circulaire du 21 novembre 1879 divisait en outre
les défenses en obligatoires et facultatives. Mais il s'a-
gissait là de dépenses obligatoires ou non pour les communes, aux termes de l'Instruction du 18 janvier 1880.
Elles pouvaient donc offrir pour la paroisse un caractère
tout opposé à celui de la rubrique sous laquelle elles
étaient classées. La suppression presque complète des
cas de contributions obligatoires de la part de la commune a enlevé toute raison d'être à une classification,
d'une forme si défectueuse d'ailleurs (1). Il n'y aurait
que pour les paroisses de la ville de Paris, non soumises au nouveau régime de la loi de 1884, que cette divi-

(1) Circ., 30 mars 1893.

sion pourrait être encore applicable. On ne peut qu'en désirer l'entière disparition, en raison des confusions auxquelles elle peut donner lieu.

V

Relativement à la forme extérieure du budget, successivement divisé quant aux recettes et dépenses en budget ordinaire et extraordinaire, elle comportera un cadre de sept colonnes (Instr., 21 nov. 1879).

Chacune d'elle contiendra, sur chaque chapitre :

La première un numéro d'ordre ;

La deuxième la nature de la recette ou de la dépense. En regard, la septième colonne mentionnera : pour chaque nature de recette les dates d'autorisation d'acquisition des biens, les dates des règlements et approbations d'oblations tarifiées, celle des décisions portant subvention, ainsi que les décrets d'approbation des dons et legs — pour les dépenses de grosses réparations, la date d'approbation des plans et devis.

Les colonnes 3e, 4e, 5e et 6e contiendront les chiffres : 1° du dernier compte, 2° proposés par le bureau, 3° votés par le Conseil, 4° approuvés par l'évêque.

Il y aura lieu, dans le budget additionnel, de mentionner dans la dernière colonne la date de la décision nouvelle, et le numéro d'ordre correspondant du budget primitif.

TITRE III

De l'exécution du budget.

Une fois votés les recouvrements de produits, et ouverts les crédits de paiements, il va y avoir lieu : 1° de procéder à la mise en recouvrement et à l'encaissement des recettes, 2° ainsi qu'à l'exécution des dépenses.

Ce sera le rôle du bureau, pouvoir exécutif. « Il sera chargé de l'exécution des délibérations du Conseil et de l'administration journalière du temporel de la paroisse ». Il agira suivant les cas soit par initiative collective ou par l'intermédiaire du trésorier.

Les agents d'exécution budgétaire sont de deux sortes : ceux chargés de l'administration pure, et ceux préparés au service des deniers.

Car une distinction primordiale, fondamentale de toute comptabilité, investit nécessairement des agents distincts de ces fonctions séparées et incompatibles. Cette incompatibilité est celle prévue par l'article 17 du décret du 31 mai 1862, entre les attributions d'administrateur et de comptable. Le principe en est d'ailleurs posé en termes trop absolus, la vraie incompatibilité résidant entre les fonctions de comptable et d'ordonnateur. Et c'est ainsi que nous verrons le trésorier comptable parfois investi d'attributions administratives, tandis qu'il

demeure au contraire entièrement étranger à l'ordonnancement.

Examinant donc quel personnel est chargé de l'exécution budgétaire, et ce que sont ses fonctions, il nous
faudra étudier successivement le rôle des administrateurs, et celui des comptables, ce qui nous fournira l'objet de deux chapitres.

Préalablement à l'étude des fonctions du personnel
exécutif, il faut cependant placer la détermination des
délais d'exécutions, et la notion de l'exercice. Nous parlerons donc successivement:

1° De l'exercice ;

2° Des administrateurs de la fabrique ;

3° Des comptables.

CHAPITRE PREMIER

DE L'EXERCICE.

Chaque budget n'est voté que pour l'année qui suit celle pour laquelle il est réglé. En conséquence les crédits ouverts par le budget d'une année ne peuvent être employés qu'à des dépenses effectuées dans l'année même, c'est-à-dire du 1ᵉʳ janvier au 31 décembre.

Le vote budgétaire spécialise donc les recettes et revenus de l'année aux dépenses de la même période. Ne peuvent donc être payées que les dépenses réellement effectuées pendant ce laps de temps, de même que sont seuls acquis à la paroisse les droits nés à son profit pendant cette époque et seuls applicables aux dépenses faites.

L'ensemble des droits actifs et passifs d'une même année, assignés les uns aux autres par un budget régulier, constitue l'exercice financier, défini parfois d'une façon plus brève : « l'ensemble des droits et charges afférents à une même année ».

La période d'exécution de l'exercice est d'une année (D. 31 mai 1862, art. 4). Mais il s'augmente de périodes complémentaires. « Il a été démontré par l'expérience que certains revenus annuels des fabriques ne pouvaient être perçus dans le cercle des douze mois, et que d'autre part il y avait impossibilité, d'effectuer dans cet intervalle, le paiement des dépenses faites mais non liquidées

au 31 décembre. On a dû pour les fabriques, comme
pour l'État et les communes, étendre au delà de l'année
la durée de l'exercice, qui a été prolongée de deux mois
pendant lesquels peuvent continuer les recettes et le
solde des dépenses de l'année écoulée » (A. de Taillan-
dier).

Si la durée de l'exercice s'étend du 1ᵉʳ janvier au 31 décembre, « la durée des périodes complémentaires s'é-
tend jusqu'au 1ᵉʳ mars pour l'ordonnancement, et jusqu'au 15 mars pour le recouvrement et le paiement »
(Décret 27 mars 1893, art. 20). Ce qui fait une période
totale de quatorze mois, du 1ᵉʳ janvier au dernier jour
de février de l'année suivante pour l'établissement des
droits tant actifs que passifs, et au 15 mars pour les
entrées et sorties de deniers.

Mais il est essentiel de remarquer que ces périodes
complémentaires, comme leur nom l'indique d'ailleurs,
n'existe que pour le *complément* d'opérations effectuées
du 1ᵉʳ janvier au 31 décembre. Le recouvrement donc
qui peut être fait jusqu'au 15 mars ne s'applique qu'aux
droits nés pendant l'année précédente, mais non rentrés,
le paiement aux dépenses faites, mais non liquidées.
Aucun service ne peut être engagé après le 1ᵉʳ janvier,
pour imputation sur l'exercice précédent; car l'exercice
proprement dit est l'ensemble des droits acquis dans
l'année, et ne peut par définition empiéter sur une autre.

CHAPITRE II

DES ADMINISTRATEURS ET DE LEURS ATTRIBUTIONS.

Le bureau agit collectivement ou par délégation. Son action propre lui permet quelquefois d'agir seul : dans d'autres cas sa capacité exécutive a besoin d'être complétée par le concours du Conseil de la fabrique.

Nous aurons à distinguer son rôle suivant qu'il s'agit de recette ou de dépense.

I. — De la mise en recouvrement et des administrateurs.

En matière de recette deux rôles sont donnés au pouvoir exécutif : un rôle d'administration générale, et un rôle de mise en recouvrement.

Comme administrateur en général, nous l'avons vu chargé de la confection des baux, adjudications, tarifs, intervenant dans les aliénations, acceptations de dons et legs, etc..., en un mot chargé de la confection des titres de recettes. Nous n'avons pas à revenir là-dessus.

Mais une fois les revenus de la fabrique, par son action plus ou moins exclusive, dûment établis, il en faut assurer le recouvrement par le comptable.

C'est là un rôle d'exécution distinct de l'établissement du titre de recette, lequel ne peut être confié au comptable. En ce qui concerne les poursuites pour recouvrement, au contraire elles peuvent être confiées à l'agent manutenteur des deniers qui s'en fera donner un titre exécutoire, sans violer la séparation fondamentale des fonctions comptables, dont l'observation constitue la ligne essentielle de la comptabilité ainsi que des contrôles. Au point de vue des recettes ce qui est incompatible c'est la liquidation et l'encaissement du droit : au point de vue des dépenses, c'est l'ordonnancement et le paiement.

Or quant aux recettes, « le trésorier est chargé de procurer la rentrée de toutes les sommes dues à la fabrique, soit comme faisant partie de son revenu annuel, soit à tout autre titre » (D. 30 déc. 1809, art. 25). Il ne faudrait cependant pas entendre dans un sens trop large ce qui concerne ces diligences : le pouvoir du trésorier, qu'il exerce par délégation du bureau, ne s'étend qu'aux actes extrajudiciaires. Toute poursuite introductive d'instance ne peut être engagée que par la fabrique tout entière suivant les principes généraux des actions paroissiales. Mais du moins le trésorier est-il encore chargé de prendre auprès du bureau l'initiative des démarches, et devra soutenir aux actions.

Or les poursuites pour recouvrement, judiciaires ou extrajudiciaires, exercées par le bureau ou par le trésorier, s'opèrent par les modes du droit commun.

On s'est en effet demandé si les fabriques pouvaient, pour opérer le recouvrement de leurs revenus, et notamment ce qui concerne le prix de la location des bancs, profiter de l'article 63 de la loi du 18 juillet 1837 (aujourd'hui art. 54 de la loi du 5 avril 1884), portant que toutes les recettes municipales pour lesquelles les lois et règlements n'ont pas établi un mode spécial de recouvrement, s'effectuent sur des états dressés par le maire, et rendus exécutoires par le sous-préfet.

Une circulaire du Ministre de l'Intérieur du 19 janvier 1839 a fait connaître que cette disposition spéciale aux communes, ne pouvait être étendue aux fabriques par raisonnement d'analogie, celles-ci ayant une existence qui leur est propre.

La force exécutoire n'est donc pas administrativement conférée aux titres de perception, et les voies de correction ne seront pas celles de la contrainte administrative.

Il y aura donc lieu de se conformer au droit commun.

Les baux sous-seing recevraient leur force exécutoire de la justice. Ils sont d'ailleurs passés par devant notaire, ou dans la forme administrative.

Relativement aux deniers casuels de la fabrique, le refus des débiteurs peut donner lieu à des actions judiciaires lorsqu'ils résultent de tarifs régulièrement approuvés : la compétence en appartient donc aux tribunaux ordinaires (C. d'État, 23 avril 1875. — Cass., 24 janvier 1871).

Le juge de paix connaît des questions de paiement du prix des bancs.

Pour le paiement des subventions régulièrement dues par la commune, il y a lieu en cas de refus, de recourir à l'autorité supérieure pour l'inscription d'office.

Quant à exiger le prix des souscriptions régulièrement passées, qui sera compétent? « La nature du contrat qui tient à l'exécution de travaux publics, la circonstance qui a donné lieu à plusieurs délibérations du Conseil municipal, l'approbation des plans et devis par l'autorité diocésaine et départementale, confèrent aux souscriptions le caractère de contrats administratifs, bien que la direction des travaux doive appartenir à la fabrique seule ; — et c'est dès lors le Conseil de préfecture qui est compétent, à l'exclusion des tribunaux civils, pour statuer sur les poursuites en paiement dirigées contre les souscripteurs » (C. de préf., Tarn-et-Garonne, 27 mars 1874).

Disons enfin que relativement aux procès intentés par les fabriques pour reconnaissance de leurs droits, l'autorisation administrative est nécessaire, suivant les règles du droit commun. Cette formalité n'est pas nécessaire quand l'action est intentée devant le Conseil de préfecture lui-même.

La poursuite des recouvrements est donc opérée par le bureau pour les actions intentées, par le trésorier par tous actes extrajudiciaires. Cette dernière catégorie d'attributions du marguillier-trésorier est d'ailleurs le résultat d'une théorie législative beaucoup plus générale, et qui lui délègue l'initiative de tous actes conservatoires, à quelque but qu'ils se rapportent.

Des actes conservatoires. — Un arrêté du 19 vendémiaire an XII a consacré ce système pour toutes les comptabilités inférieures, transportant au comptable l'initiative de tous actes conservateurs de droits.

Le décret de 1809 a étendu aux fabriques cette disposition spéciale, d'ailleurs confirmée par le décret du 27 mars 1893 (art. 1ᵉʳ).

Il faut entendre par actes conservatoires tous ceux ayant pour objet de conserver un droit sans qu'il soit besoin d'intenter une action devant les tribunaux.

Ils sont de plusieurs sortes : sommations de paiement, surenchères, toute espèce de saisie mobilière, inscriptions et renouvellement d'hypothèques et généralement tous actes extrajudiciaires conservateurs d'un droit actif quelconque.

C'est à ce titre que le décret de 1809 prescrit au trésorier de ne pas accepter les déclarations sous-seing des débiteurs de rentes. L'article 83 exige un titre récognitif rédigé par devant notaire. Le trésorier devra prendre hypothèque.

Il en est de même du renouvellement des rentes dont, après vingt-huit années, il devra être rédigé titre nouvel.

Car le trésorier doit également faire tous actes interruptifs de prescription trentenaire ou de toute autre durée.

Tels sont les actes que le trésorier exerce à titre d'administrateur dans la recette de la fabrique, par délégation expresse, et sous la surveillance du bureau, auquel sont à cet effet rendus des comptes trimestriels de l'état des produits.

II. — De l'exécution des dépenses et des ordonnateurs.

Suivant leur importance respective, les dépenses seront exécutées par le bureau tout entier, avec ou sans le concours du Conseil de fabrique, ou par le Trésorier par délégation. Un rôle spécial appartiendra dans tous les cas au Président du bureau.

Il est nécessaire en comptabilité, de distinguer dans toute dépense quatre phases fondamentales :

1° L'engagement ;

2° La liquidation.

3° L'ordonnancement ;

4° Le paiement.

C'est relativement à ces deux dernières qu'existe la plus rigoureuse incompatibilité entre l'agent ordonnateur, et le payeur en deniers. — Ce dernier rôle est exclusivement réservé au comptable, qui sera suivant les cas, le Trésorier, un receveur spécial ou le percepteur.

Il existe corrélativement une spécialisation rigoureuse des deux actes précédant le paiement, la liquidation et l'ordonnancement : elles sont exclusivement réservées au Président du bureau, seul ordonnateur des dépenses. Lui seul signe donc les mandats (D. 1809, art. 23).

Quant à l'engagement lui-même, c'est-à-dire l'exécution des services, elle est opérée, soit par le bureau tout entier, avec ou sans le concours du Conseil de fabrique, soit par le Trésorier.

Indépendamment des ouvertures de crédit au budget par le Conseil, l'exécution même de la dépense ne peut, dans tous les cas graves, s'effectuer par le bureau qu'avec le concours du Conseil de fabrique, suivant des règles déjà visées.

Il en est ainsi dans les cas de l'article 12, § 4, du décret du 30 décembre 1809.

« Seront soumises à la délibération du Conseil : toutes les dépenses *extraordinaires* (1) au delà de 50 francs dans les paroisses au-dessous de 1000 âmes, et de 100 francs dans les paroisses d'une plus grande population ».

Nous pensons que deux conditions sont dès lors exi-

(1) Il s'agit ici des dépenses exceptionnelles. V. ci-dessus, titre II, chap. II, p. 140 et 145.

gées pour que ces dépenses ne puissent être exécutées qu'avec l'intervention du Conseil :

1° Que la dépense soit extraordinaire ;

2° Qu'elle dépasse la quotité sus-énoncée.

La coexistence de ces deux faits résulte amplement des termes de l'article 12 précité, qui les exige simultanément. Donc, toute dépense ordinaire dépassant la quotité sus-énoncée (dépenses de l'Eglise, charges des fondations, frais d'administration, etc.) peuvent être effectuées par le bureau quelqu'en soit le chiffre. Toutes dépenses exceptionnelles au contraire (achats de meubles et ustensiles d'église, de matériel, etc...) nécessitent le concours du Conseil de fabrique du moment qu'elles dépassent 50 ou 100 francs suivant les villes.

Quant au mode d'effectuer ces dépenses, marchés, adjudications..., il est réglé d'après les règles générales exposées ci-dessus.

Mais il est essentiel de remarquer que le vote exigé du Conseil de fabrique est essentiellement distinct de la délibération budgétaire.

Car les allocations budgétaires ne constituent que de simples prévisions, des ouvertures de crédits, et l'ouverture d'un crédit ne donne pas le droit de faire la dépense à laquelle il s'applique sans se conformer aux règles spéciales de l'exécution, qui peut nécessiter des autorisations particulières (Instr. ministérielle, 5 mai 1852). Le législateur a exigé deux votes distincts et séparés ; l'un du budget (art. 46), l'autre de l'exécution des dépenses (art. 12). Car ces deux votes sont forcément distincts, n'étant pas rendus dans la même forme, et ayant d'ailleurs des objets différents.

Car le budget n'est qu'une assignation de fonds à des

droits régulièrement acquis ; il est fait par le bureau, voté par le Conseil, approuvé par l'évêque sauf l'avis du Conseil municipal. Les dépenses exceptionnelles seront au contraire délibérées par le bureau et le Conseil seuls, sans autre intervention. Les formalités sont donc différentes.

C'est qu'elles répondent en effet à des buts divers : en ouvrant un crédit, l'autorité budgétaire se borne à allouer des fonds, mais elle peut avoir d'autres actions que celle de limiter le maximum de la dépense. Elle peut coopérer à l'exécution elle-même, pour en apprécier par elle-même l'opportunité, les conditions, les fournisseurs et les marchés... Rien de tout cela ne résulte du budget. Et quand l'article 12 soumet à la délibération du conseil toutes les dépenses extraordinaires au delà de 50 ou 100 francs, que l'article 47 soumet par ailleurs à la délibération du conseil le budget établissant « la recette et la dépense de l'église », cela veut dire que la délibération d'ouverture de crédits est différente de la délibération autorisant l'exécution, et qu'il y a lieu de compléter la capacité exécutive du bureau, juridiquement incapable de contracter seul des actes dont l'importance est trop grande.

Un seul tempérament semble pouvoir être apporté à cette règle. Il faut distinguer les dépenses extraordinaires d'un chiffre fixe ou d'un chiffre variable.

Pour les dépenses fixes, résultant de droits acquis, droits accidentels d'enregistrement, traitements... etc., auxquelles la fabrique ne peut se soustraire, et dont le chiffre ne peut varier, la pleine initiative du bureau semble ne pouvoir être contestée.

Quant aux dépenses variables ordinaires, pour lesquelles l'ouverture du crédit n'est qu'une approximation, une prévision, partout enfin où il y a crédit évaluatif et où la fixation des chiffres ne résultera que des faits, le concours du Conseil à l'acte de dépense est et demeure la règle.

Il est vrai que la délibération du Conseil se pourra parfois confondre avec celle portant ouverture des crédits, au cas où cette allocation des fonds serait faite en cours d'exercice, par autorisation spéciale, en même temps que l'autorisation d'effectuer ce service. Mais ce n'est là qu'un mode exceptionnel de procéder, le budget précédant toujours l'exécution des services.

Si le bureau doit être habilité au-dessus des chiffres ci-dessus, il n'y a pas de limite quelque soit le chiffre de la dépense. Dans la forme ci-dessus, on peut dépenser telles sommes que de droit.

Il est cependant une catégorie de dépenses astreintes à des règles différentes et particulières. Ce sont les réparations.

Des réparations. — Il n'y a plus lieu dans ce cas de distinguer s'il s'agit d'une dépense ordinaire ou extraordinaire, ni par conséquent de réparations d'entretien ou de grosses réparations. Pour toute cette matière, qui comprend en somme l'administration immobilière des édifices, le chiffre seul de la dépense entrera en ligne de compte.

Lorsque les réparations ne dépassent pas 50 francs dans les paroisses au-dessous de 1000 âmes, et 100 fr. dans les autres, les marguilliers y pourvoiront sur le champ et par économie (D. 1809, art. 41). Il n'y a donc pas lieu de recourir à une délibération extrabudgétaire du Conseil de fabrique, non plus qu'à l'adjudication.

Au-dessus de cette somme, les conditions chan--gent.

Lorsque les réparations, au-dessus des sommes sus-énoncées, mais moindres que 100 francs dans les paroisses au-dessous de 1000 habitants, ou que 200 francs dans les autres, devront être exécutées, il y aura lieu à recourir au Conseil pour l'exécution des travaux. Ici donc le bureau ne possède plus la plénitude de la capacité-exécutoire, car la délibération du Conseil est, comme en matière de dépenses exceptionnelles, une délibération extrabudgétaire.

Il faudra en outre devis estimatif, adjudication publique et au rabais, après trois affiches renouvelées de huitaine en huitaine (art. 42).

Au-dessus de ces nouveaux chiffres, mais au-dessous de 20:000 francs, les formalités sont encore plus rigoureuses, car il faut l'approbation préfectorale. Il est en outre supposé que le total de la dépense n'excède pas le montant des revenus libres de la fabrique (Ord. 8 août 1821).

Enfin au-dessus de cette somme, les plans et devis devront être soumis au ministre des cultes (id).

Quelle que soit l'autorité approuvant l'exécution des travaux, l'acte d'adjudication est en outre soumis à l'approbation préfectorale.

Toutes ces formalités, répétons-nous, sont absolument indépendantes du vote budgétaire, qui ne forme qu'une ouverture de crédits pour paiements. Suivant leur importance, les travaux de réparation ne peuvent être effectués que par : 1° le bureau seul ; 2° le bureau assisté du Conseil ; 3° ou du préfet ; 4° ou du ministre. Il n'y a là rien que de parfaitement conforme aux règles générales de la tutelle administrative (V. en ce sens : Instr. du m. de l'Int., 5 mai 1852).

Telles sont les règles générales de la compétence du bureau pour l'exécution des services votés. On voit que ses pouvoirs sont plus ou moins restreints suivant qu'il s'agit de dépenses mobilières ou immobilières, extraordinaires ou normales, ainsi qu'eu égard à leur chiffre.

Il ne peut donc faire seul :

1° Aucune dépense de réparations, *ordinaires ou extraordinaires*, au-dessus de 50 ou 100 francs, suivant les villes, sans le concours du Conseil, du préfet ou du ministre ;

2° Aucune autre dépense *extraordinaire* au-dessus de 50 ou 100 francs, suivant les villes, sans le concours du conseil.

Mais il peut faire seul :

1° Toutes les réparations ordinaires ou extraordinaires au-dessous du chiffre sus-indiqué ;

2° Toutes autres dépenses extraordinaires au-dessous du même chiffre ;

3° Et toutes dépenses ordinaires, quelqu'en soit le chiffre.

II. — Ce sont les dépenses, que le bureau peut faire seul, dont il nous reste maintenant à étudier les règles.

Or le bureau les fera tantôt par lui-même, tantôt par l'intermédiaire du Trésorier.

Le bureau fera par lui-même toutes espèces de travaux au-dessous de 50 ou de 100 francs. Il n'y aura plus lieu à adjudication, mais on procèdera par économie. Le rôle du président sera prépondérant. Tous marchés seront signés par lui, ainsi que les mandats (article 28).

: Le bureau fait également les marchés de fournitures lorsqu'il y a lieu à adjudication, comme pour les réparations et achats d'ornements, de meubles, ustensiles d'église. Il nomme les serviteurs de l'Eglise, avec l'agrément du curé. Les fonctions sont celles d'une administration collective.

Il ordonne enfin les achats.

C'est ici que nous voyons intervenir le Trésorier qui, pour les achats, joindra à son rôle de comptable un rôle parallèle et simultané de régisseur.

Les achats ne sont pas matériellement effectués par le bureau lui-même. Il se borne à les ordonner. Sur cet ordre l'acquisition matérielle sera faite par le Trésorier comme l'indique l'article 35 du décret de 1809 : « Il ne sera rien fourni par aucun marchand ou artisan sans un mandat du Trésorier, au pied duquel le sacristain, ou toute autre personne apte à recevoir la livraison, certifiera que le contenu audit mandat a été rempli ».

Il peut, au premier abord, sembler singulier de voir le comptable intervenir dans l'exécution de la dépense : la confusion n'est qu'apparente, et il n'y a pas violation des règles de l'incompatibilité.

Le mandat de l'article 35 n'est pas un mandat de paiement, mais de fournitures. C'est un ordre de livrer, sur lequel sera certifiée, par qui de droit, la livraison effective. Il constituera donc un titre et élément de liquidation pour le mandatement par le Président du bureau, seul titulaire des crédits. L'incompatibilité n'existe qu'entre l'ordonnancement et le paiement : le comptable ne concourt ici qu'à l'engagement de la créance, l'ordonnancement reste à l'ordonnateur et le principe est sauvé.

Pour la plupart des achats, le trésorier n'agit que sur

l'ordre *exprès* du bureau, comme simple mandataire.
Il est cependant une catégorie de dépenses sur lesquelles
il aura un pouvoir propre d'initiative ; ce sont les dépenses dites intérieures, ou de même consommation,
pour lesquelles lui sont ouverts en bloc des crédits trimestriels, et qu'il effectuera sur la demande du curé ou
desservant.

III. — Un principe supérieur domine toute la matière
des dépenses, leur limitation aux crédits ouverts.

Il y a donc lieu d'écarter absolument l'opinion exprimée par M. Batbie, relativement aux dépenses extraordinaires : « le bureau, dit-il peut les faire, en dehors
des prévisions du budget, jusqu'à 100 francs pour les
paroisses qui ont une population supérieure à 1000 habitants, et jusqu'à 50 francs dans celles d'une population
moindre ». Cette opinion est en contradiction formelle
avec la simultanéité des articles 12 et 46 du décret de
1809. L'article 46 commence par établir que le budget
fixera « la recette et la dépense de l'église », se bornant
à donner à la suite un exemple de l'ordre de classement.
Il n'y a donc pas lieu d'exclure du budget les dépenses
au-dessous de 50 ou 100 francs. Une semblable limitation serait la négation absolue des principes de droit
budgétaire, spécialement de celui de l'universalité. Car
l'opinion de M. Batbie une fois admise, le budget de la
fabrique ne serait qu'un budget partiel, ce qui est inad-
missible.

La question est d'ailleurs expressément tranchée par
l'article 2 du décret du 27 mars 1893 : « le comptable
de la fabrique est chargé... d'acquitter les dépenses
mandatées par le président du bureau des marguilliers,
jusqu'à concurrence des crédits régulièrement ouverts ».

En présence de termes aussi formels, nulles dépenses sans crédits.

Et du jour où les crédits pour *dépenses intérieures* (objets de consommation... etc.), simplement évaluatifs, crédits pour « services votés » viendraient à être atteints en cours d'exercice, il y aurait lieu, pour les dépasser, à recourir à des autorisations spéciales, et toujours préalables, à la différence de ce qui se passe dans le budget de l'État.

Le seul cas d'exception serait le cas d'urgence, où la dépense serait faite sauf ratification.

Nous en avons fini avec le rôle des administrateurs de la fabrique. Rappelons pour mémoire que soit administrateurs de la recette, ou ordonnateurs des dépenses, tout maniement de deniers est incompatible avec leurs fonctions, et constitue la plus grave des irrégularités en matière de comptabilité.

CHAPITRE III

Aux termes de l'article 5 du décret du 27 mars 1893 les fonctions de comptable de la fabrique peuvent être remplies de trois façons différentes :

« Les fonctions de comptable de la fabrique sont remplies par les trésoriers de ces établissements tels qu'ils sont institués par le décret de 1809.

En cas de refus du trésorier, elles peuvent être confiées par le Conseil de fabrique à une personne désignée en dehors du Conseil, et qui prend le titre de receveur spécial de la fabrique. Le même receveur spécial ne peut gérer le service de fabriques appartenant à des cantons différents.

A défaut du trésorier ou d'un receveur spécial, les fonctions de comptable sont remplies par le percepteur de la réunion dans laquelle est située l'église paroissiale, et dans les villes divisées en plusieurs arrondissements de perception, par le percepteur désigné par le ministre des finances ».

Le comptable sera donc le trésorier — à son défaut le receveur spécial — à défaut de l'un et de l'autre, le percepteur.

Nous examinerons successivement les règles diverses de la comptabilité suivant qu'elle appartiendra à chacun de ces trois agents.

SECTION I. — **Du trésorier de la fabrique.**

Le trésorier de la fabrique ne peut s'acquitter de ses fonctions qu'autant qu'il est régulièrement institué. La qualité de comptable est en effet entourée de règles spéciales, destinées à assurer certaines garanties, indispensables au maniement des deniers publics.

Nous aurons donc sujet d'étudier l'institution du trésorier, avant de passer à l'examen de ses fonctions.

I. — Institution du trésorier.

Son institution résulte de sa régulière installation, dont le premier terme est sa nomination définitive. La nomination du trésorier résulte de la délibération du bureau, sauf le droit de refus qui lui est conféré par l'article 5 du décret du 28 mars 1893. Le bureau ne peut délibérer s'il n'est au moins composé de trois membres. En cas de partage, la voix du Président est prépondérante.

Le trésorier prête devant le conseil de fabrique le serment professionnel des comptables publics (D. 1893, art. 16). Mais il n'est pas astreint au versement d'un cautionnement (*id.*, art. 15). Aux termes de l'article 20 du décret du 31 mai 1862 il pourra être procédé à son installation, une fois régulièrement nommé, et s'étant acquitté de l'acte du serment. Le reliquat des comptes antérieurs lui sera dès lors remis, et il sera tenu de s'en charger en recette, conformément aux règles de la comptabilité publique et de l'article 88 du décret du 30 décembre 1809. Nul compte ne sera valablement présenté si le comptable ne justifie de son installation régulière, de sa nomination et de sa prestation de serment.

Le décret du 27 mars 1893 dispense le comptable trésorier des incompatibilités résultant de l'article 18 du décret du 31 mai 1862, et relatives à l'exercice d'une profession, d'un commerce et d'une industrie quelconque. Il n'y a pas lieu d'ailleurs d'étendre cette exception en dehors des termes prévus : et l'article 19, établissant l'incompatibilité des fonctions des comptables avec un intérêt dans les adjudications, marchés, fournitures et travaux concernant le service de la recette ou de la dépense qu'ils effectuent, est de tous points applicable au trésorier de la fabrique. Le décret de 1809 est d'ailleurs entièrement conçu dans cet esprit (art. 61).

Mais si le trésorier est relevé de l'incompatibilité de ses fonctions avec l'exercice d'un commerce et d'une industrie, le décret de 1893 ajoute à cette faveur un correctif nécessaire : « Les trésoriers ou receveurs spéciaux qui seraient régulièrement constitués en déficit, *ou déclarés en état de faillite ou de liquidation judiciaire*, peuvent être relevés de leurs fonctions par le conseil de fabrique ou à défaut par le ministre des cultes. Ils peuvent l'être par le ministre des cultes pour l'une des causes ci-après : 1° condamnation à une peine afflictive ou infamante ; 2° condamnation à une peine correctionnelle par les articles 319 à 408 du Code pénal ; 3° condamnation à une peine correctionnelle d'emprisonnement ; 4° s'il s'agit d'officiers publics ou ministériels, destitution par jugement, ou révocation par mesure disciplinaire ».

II. — Nous avons vu que le marguillier trésorier est

dispensé de cautionnement. Mais est-il astreint à l'hypothèque légale?

De nombreuses dissidences se sont produites sur ce point. Malgré les termes formels de l'article 2121, qui confère l'hypothèque légale sur les biens des comptables de l'État, des communes, *et des établissements publics*, on a soutenu que les biens des trésoriers de fabrique échappaient à cette règle générale. Gaudry s'est fait le défenseur de cette théorie, contredite par la plupart des jurisconsultes (Dalloz, *Répert.*, art. cultes, n° 534).

On peut se demander les raisons d'un semblable système, par lequel il faut en arriver à soutenir que les fabriques ne sont pas des établissements publics, et que leurs trésoriers ne sont pas des comptables.

On n'a d'ailleurs jamais osé soutenir bien formellement que les fabriques ne sont pas des établissements publics : on a simplement inféré qu'ils ne l'étaient pas au même titre que les autres, et qu'on devait leur reconnaître une législation spéciale. Cette distinction ne s'appuie sur aucun texte, ni même sur aucune tendance législative. Ce serait une innovation apportée de toute pièce dans les lois. Il est impossible de nier aux fabriques le caractère d'établissements publics, et nous ne nous attarderons même pas à démontrer cette évidence. Quant à leur appliquer des dispositions spéciales, il est nécessaire que ces dispositions existent pour pouvoir être appliquées, et la législation est muette à ce sujet. Elle parle au contraire dans le sens absolument opposé: seront soumis à l'hypothèque légale les biens des comptables de l'État, *et des établissements publics* (Civ. 2121).

On conteste plus sérieusement la qualité de comptable attribuée au trésorier :

Suivant Gaudry, l'ordonnance du 14 septembre 1822 a *défini* (et c'est là que gît l'erreur) le comptable « un agent placé sous les ordres du ministre des finances, nommé par lui, responsable envers lui de sa gestion, et justiciable de la Cour des comptes » (art. 17).

La qualité de comptable résulterait donc de l'investiture donnée par le ministre des finances. Or les trésoriers de fabrique sont nommés par le bureau des marguilliers.

Malheureusement la qualité de comptable et l'hypothèque, qui en résulte, sont absolument indépendants de ce caractère. Car il y a des comptables nommés par le ministre des finances, et qui ne sont pas astreints à l'hypothèque, tels que les percepteurs — et en second lieu, beaucoup de comptables ne reçoivent du ministre des finances aucune investiture, et sont cependant astreints à l'hypothèque. Tels les receveurs spéciaux d'hospices ou d'établissements de bienfaisance (1).

Il est vrai que la définition du « comptable » n'a jamais été expressément donnée et il suffit de lire l'article 17 de l'ordonnance du 14 septembre 1822 pour se rendre compte qu'elle est tout l'opposé d'une définition. Nous la croyons cependant suffisamment déterminée par le rapprochement des articles 1 et 14 du décret du 31 mai 1862.

« Les deniers publics sont les deniers de l'État, des départements, des communes, et des établissements publics ou de bienfaisance » (art. 1er).

« Des comptables responsables sont préposés à la

_____

(1) Instr. générale des finances du 20 juin 1859, art. 1207, 1209 et ss. 1220.

réalisation des recouvrements et des paiements » (art. 14, *in fine*).

Qu'est-ce donc qu'un comptable? un agent responsable préposé à la réalisation des recouvrements et paiements de deniers publics. La qualité de comptable est liée aux deniers publics et à leur manutention. Elle entraîne de nombreuses responsabilités, spécialement celle de rendre compte. Il paraît impossible de dénier ce caractère au trésorier de la fabrique, d'après les attributions que lui confère le décret de 1809.

Il est donc faux de dire que la qualité de comptable résulte de l'investiture donnée par le ministre des finances. L'ordonnance de 1822 ne donne pas là une définition.

Il serait d'ailleurs également faux de dire que l'hypothèque légale existe sur les biens des comptables par le seul fait de cette qualité. Il est des comptables sans hypothèque, tels les percepteurs. En effet aux termes de l'article 2121 : « les droits et créances auxquelles l'hypothèque légale est attribuée sont... ceux de l'État, des communes et des établissements publics, sur les biens des receveurs et administrateurs comptables ». L'hypothèque est donc l'accessoire du droit de l'État, communes..., etc. Si ce droit n'existe pas, il n'y a pas d'hypothèque. Tel est le cas du percepteur, simple préposé du trésorier-payeur-général.

Le décret de 1893, qui apporte un important adoucissement à ce régime hypothécaire, semble d'ailleurs adopter notre solution :

« L'hypothèque légale dit l'article 17, n'est inscrite sur les biens des comptables des deniers des fabriques, que si cette inscription est autorisée par une décision spéciale du juge des comptes, et seulement dans les cas de gestions occultes, condamnation à l'amende pour retard dans la présentation des comptes, malversations, débets avoués, ou résultant du jugement des comptes... etc. ».

« Cette hypothèque est inscrite conformément aux dispositions des articles 2121 et 2122 du Code civil, sur tous les biens présents et à venir de ces comptables... » (D. 28 mars 1893, art. 17).

Donc le décret détermine les cas exceptionnels où sera inscrite l'hypothèque : c'est donc qu'elle existe. Une hypothèque existe en effet indépendamment de son inscription : elle est un droit réel, un démembrement de la propriété qui ne sera dans certains cas opposable aux tiers que par une inscription régulière. Non inscrite, elle est de nul effet, mais cela n'altère pas son existence. *On a le droit de l'inscrire.*

Et si elle n'existait pas, le décret de 1893 n'aurait pu le créer, puisqu'une hypothèque ne peut résulter que d'une loi.

Donc les biens des comptables de la fabrique ont et ont toujours été soumis à l'hypothèque légale.

Mais le décret de 1893 y apporte une importante restriction : l'inscription ne s'impose plus d'office ; elle n'aura plus lieu que par les soins du juge des comptes, et dans les cas ci-dessus déterminés.

Elle se distingue d'ailleurs pleinement de l'hypothèque judiciaire, résultant de condamnations prononcées à l'occasion des comptes et inscrite après elles. L'hypothèque légale au contraire peut précéder toute décision contentieuse : l'article 17 ne la faisant résulter que d'une simple décision, n'exige pas ce caractère. Elle peut donc fournir une garantie plus rapide, la présentation et le

jugement d'un compte entraînant toujours certaines lon-
gueurs.

Enfin le juge des comptes, conformément aux principes généraux, possède un droit exclusif pour prononcer sur les demandes en réduction ou translation
formées par les justiciables.

II. — Attributions du trésorier.

La comptabilité du trésorier est et demeure soumise
au régime de 1809, aux termes des articles 5, 12 et 13
du décret du 27 mars 1893, et sauf quelques dérogations
expresses.

Le rôle du trésorier consiste à recouvrer les deniers
pour les employer en dépense. Nous aurons donc à l'é-
tudier au triple point de vue : 1° du recouvrement ; 2° de
la garde des fonds ; 3° du paiement.

I. — *Des recouvrements.*

« Le trésorier est chargé de procurer la rentrée de
toutes les sommes dues à la fabrique, soit comme faisant partie de son revenu annuel, soit à tout autre titre » (D. 1809, art. 25).

Ainsi que nous l'avons vu, il y a là deux catégories
d'attributions, la poursuite et l'encaissement. Nous savons que les poursuites sont effectuées d'après le droit
commun, conformément aux règles ordinaires. Il y a
donc lieu de s'occuper du recouvrement proprement dit.

Le recouvrement doit comprendre tous les produits,
et rien que les produits. La mesure de l'action du trésorier sera donc l'état des droits constatés, ou états de
produits, qui formeront pour lui un ordre et la limite

de la recette. Ces états de produits seront différents suivant qu'il s'agit du revenu des biens immeubles ou des deniers casuels.

Relativement aux baux à ferme, locations... etc... l'état des produits résultera du tableau visé par l'article 88 du décret de 1809, aux termes duquel il devra être remis au trésorier « un état de ce que la fabrique a à recevoir par baux à ferme, une copie du tarif des droits casuels, un tableau des reprises à faire... etc. » ledit état dûment signé et certifié des membres du bureau, servira de titre de perception. Il devra d'ailleurs être conforme à l'inventaire et récolement des titres de propriété et baux divers, visé par l'article 55 du même décret.

Les baux, adjudications devront être remis au Trésorier pour qu'il puisse effectuer les actes extra-judiciaires conservatoires des droits acquis. Il est à remarquer que ces différents titres ne pourront être extraits de l'armoire de la fabrique que contre récépissé énonçant : 1° l'indication du titre ; 2° la délibération motivée du bureau ; 3° le nom de celui qui l'a reçu et sa signature (D. 1809, art. 57).

Quel sera le titre de recette des deniers casuels, droits non constatés d'avance, acquis en cours d'exercice ? Les deniers casuels proviennent de deux sources : les oblations volontaires et les sommes perçues en vertu de tarifs.

Les oblations volontaires résultent du produit des quêtes et troncs. L'article 3 du décret du 28 mars règle ce qui concerne les quêtes.

« Le produit des quêtes faites *au profit de la fabrique* est, quand il n'est pas versé dans un tronc spécial, encaissé une fois par mois par le comptable de la fabrique. Il est produit par le comptable, à l'appui de ces encaissements, des états constatant, immédiatement après chaque quête, la reconnaissance des fonds, et revêtus de la signature des quêteurs. Ces états sont certifiés sincères et véritables par le président du bureau des marguilliers ».

Il résulte de cet article que ces états certifiés seront le titre de la recette. Tout quêteur doit donc, sous telles peines que de droit, faire immédiatement reconnaître le montant des deniers et le certifier de sa signature. La même obligation s'impose au président du bureau, chargé comme administrateur, *de la constatation des droits*. Les administrateurs sont d'ailleurs « responsables de l'exactitude des certifications qu'ils délivrent » (D. 31 mai 1862, art. 15), et tout détenteur irrégulier de deniers se trouverait exposé à une déclaration de comptabilité occulte (*id.*, art. 25).

Les clefs des troncs sont placées dans l'armoire à trois clefs (D. 1809, art. 51, D. 28 mars 1893, art. 12). Les mêmes règles sont d'ailleurs applicables. « Le comptable de la fabrique assiste à toutes les levées des troncs, et il en est dressé procès-verbal par les marguilliers ». Ce procès-verbal est un titre de recette.

Quant aux droits perçus en vertu de tarifs (services religieux, frais d'inhumation), il convient d'écarter le cas où ils sont mis en ferme, ce qui constitue un revenu fixe déjà visé, pour ne s'occuper que de la perception en régie.

Conformément au droit commun, les administrateurs en effectuent la mise en recouvrement. Les états dressés par le curé ou desservant, seront approuvés par le président du bureau, d'après les services faits et la répartition prévue aux tarifs (D. 1893, art. 3).

La perception sera effectuée alors de deux façons différentes :

1° Directement par le trésorier de la main des parties, d'après les états certifiés ;

2° Ou par l'intermédiaire du curé ou desservant, ou de l'ecclésiastique par lui désigné. Dans ce cas, il y aura lieu de la part du curé, considéré comme régisseur, à la délivrance d'une quittance à souche. — Les versements au trésorier seront faits mensuellement, ou plus souvent s'il en est ainsi décidé par l'évêque. Le trésorier devra réclamer chaque mois l'état des produits (D. 1893, art. 3).

Des articles 3 et 24 combinés, il semble résulter pour le curé l'obligation d'encaisser la totalité des produits, sans distinction des parts de la fabrique et du clergé. Le versement de la part revenant à la fabrique sera fait en numéraire, et celui de la part revenant au clergé sera fait en quittances des ayants droit. Le trésorier fera recette du tout, tant au compte budgétaire qu'aux opérations hors budget. Par cette opération d'écritures le comptable sera donc censé avoir reçu la totalité des droits, sauf reversement immédiat de la part des intéressés. Il y aura donc de ce chef, aux opérations hors budget, constatation d'une recette et d'une dépense simultanées et de somme égale.

Les titres de perception des recettes extraordinaires résulteront des actes divers ouvrant un droit au profit de la fabrique, mandats pour subventions, listes de souscription, titres divers de dettes exigibles, et pour lesquelles il n'existe pas de règles spéciales.

Q. 13

En possession de ces éléments, le trésorier n'a donc plus qu'à opérer le recouvrement.

Quelles en seront les formes ? Relativement aux livres et écritures, quittances, de nombreuses difficultés ne laissent pas que de se présenter, en raison du silence des textes.

Livres et écritures. — Nul doute que les trésoriers de fabrique ne soient astreints à tenir des livres réguliers. L'obligation de rendre compte de leurs opérations contient celle de passer des écritures, car les écritures sont l'élément de la reddition de comptes, comme la reddition de compte est l'élément du contrôle.

Étant d'ailleurs « soumis aux mêmes obligations que les comptables des deniers des hospices et bureaux de bienfaisance » (Déc. 1893, art. 1er), il y a lieu de leur appliquer les règles essentielles de la comptabilité de ces derniers, astreints d'ailleurs « au même mode d'écriture et de comptes » que les receveurs des communes (D. 31 mai 1862, art. 547).

Une première difficulté d'application résulte de l'obligation où sont les receveurs spéciaux des établissements de bienfaisance de tenir leurs écritures en parties doubles, à la différence des percepteurs chargés des mêmes services (Instruction générale des finances du 20 juin 1859, art. 1440, 1443, 1576).

En second lieu le peu d'importance du chiffre des opérations ne semble pas justifier, dans la plupart des cas, la tenue de livres élémentaires ou de premières écritures, ni de livres auxiliaires du Grand-Livre.

Une fâcheuse lacune résulte donc du silence de la législation. Nous nous bornerons à exposer rapidement les règles générales de la matière.

Il est trois livres essentiels, qui forment la base nécessaire de la comptabilité des receveurs des établissements de bienfaisance. Ces trois éléments forment une
trilogie irréductible, ce sont :

 - 1° Un journal à souche, pour l'enregistrement de toutes les recettes, et la délivrance des quittances aux parties versantes.

2° Un journal général, présentant l'enregistrement
immédiat et chronologique de toutes les opérations de
recette et de dépense, ainsi que la situation journalière
de la caisse.

3° Et un Grand-Livre, pour le report et le classement
par comptes des diverses natures d'opérations.

Que les trésoriers puissent se soustraire à l'obligation
d'un registre à souche pour la délivrance des quittances
aux parties versantes, cela semble absolument impossible. Cette mesure est d'une application générale en ce
qui concerne le recouvrement des deniers publics ; elle
constitue le minimum de la garantie et du contrôle, et
le peu de sûretés qu'elle offre l'a même fait limiter aux
comptabilités inférieures. Car s'il est, par la souche,
fait foi d'une recette, il n'est rien garanti de son montant réel. Aux grands comptables a dû être appliqué le
système des récépissés à talon. L'obligation de la quittance à souche résulte des termes impératifs et généraux
de l'article 310 du décret du 31 mai 1862 :

« Tout préposé à la perception des revenus publics
est tenu de procéder :

1° A l'enregistrement, en toutes lettres, au rôle, état
de produits, ou autre titre légal, quelle que soit sa dé-
nomination ou sa forme, de la somme reçue et de la date
du recouvrement ;

2° A son inscription immédiate, en chiffres, sur le journal ;

3° A la délivrance d'une quittance à souche ».

Le journal à souche est additionné, à la fin de chaque journée, avec report des totaux des journées précédentes. Ces totaux contrôlent ceux du Grand-Livre relatifs aux recettes, qui n'en sont que le relevé dans un ordre différent. Le total du journal à souche donne le total des recouvrements.

Le journal général reçoit l'inscription chronologique et quotidienne des opérations, tant en recette qu'en dépense, et dans l'ordre où elles sont passées. Si la nécessité d'un livre de ce genre résulte impérieusement des règles de la comptabilité, l'article 74 du décret de 1809 impose formellement au trésorier la tenue d'un registre analogue : « Le montant des fonds reçus pour le compte de la fabrique, à quelque titre que ce soit, sera au fur et à mesure de la rentrée inscrit avec la date du jour et du mois sur un registre coté et paraphé, qui demeure entre les mains du trésorier ».

Il est logiquement impossible de ne pas étendre aux dépenses les prescriptions de l'article 74 : « Il devra tenir un registre des dépenses et recettes, où sera porté jour par jour, les sommes reçues ou dépensées (Affre, p. 66) ». La nécessité de cette mesure résulte de toute la section II° du décret de 1809, relative aux comptes, lesquels ne peuvent s'appuyer que sur des écritures. L'article 88 s'y réfère même implicitement, en donnant à l'évêque le droit de « se faire représenter tous les comptes, registres et inventaires, *et vérifier l'état de la caisse* ». L'état de la caisse ne peut résulter que du solde du journal, qui sert de registre de caisse pour la plupart des comptabilités.

Enfin l'article 13 du décret du 28 mars 1893 suppose l'existence du journal, puisque les comptes, en recettes et dépenses, seront le relevé des écritures par rapport auxquelles ils devront être affirmés sincères et véritables, et qu'ils s'appuiront en outre sur le procès-verbal de situation de caisse et portefeuille en fin de gestion. Or la situation de caisse doit concorder avec le solde des écritures, qui ne peut résulter que de la différence des deux colonnes du journal.

Le troisième registre, ou Grand-Livre, est un livre de dépouillement, où les opérations, portées au livre journal au fur et à mesure de leur passation, seront classées par comptes correspondants aux chapitres budgétaires. Outre les principes généraux de comptabilité, l'article 24 du décret de 1893, en imposant aux trésoriers l'obligation de tenir un compte des opérations hors budget suppose l'existence d'un Grand-Livre.

Tels sont les registres formant nécessairement la base logique et irréductible de la description régulière d'une gestion. Le principe de la passation immédiate des écritures, de l'absence de ratures, sauf rectification par écritures nouvelles, la règle « qu'il doit être décrit tout ce qui se fait, et rien que ce qui est fait », garantissent leur authenticité et leur bonne tenue.

Le journal à souche et le journal général doivent d'ailleurs être cotés et paraphés d'avance, conformément aux articles 1445 de l'instruction générale des finances, et 74 du décret de 1809.

Enfin un carnet des débiteurs et créanciers de la fabrique, quels qu'ils soient (Instruction générale, art. 1576)

semble encore s'impossr. Il y sera procédé à l'inscription immédiate de tous droits actifs et passifs.

Le recouvrement de toute recette devra donc donner
lieu :

1° A la délivrance immédiate d'une quittance à souche;

2° A l'émargement aux états de produits;

3° A la description de l'opération au journal ;

4° Au classement dans les comptes du Grand-Livre.

II

La garde des fonds est la suite naturelle des opérations d'encaissement. A cet égard, des dispositions assez originales résultent du décret de 1809.

« Chaque fabrique aura une Caisse ou armoire à trois
clefs, dont l'une restera entre les mains du trésorier,
l'autre dans celles du curé ou desservant, et la troisième dans celles du président du bureau.

« Seront déposées dans cette caisse tous deniers appartenant à la fabrique, ainsi que les clefs des troncs.

« Nulle somme ne pourra être extraite de la Caisse
sans une autorisation du bureau, et sans un récépissé
qui y sera déposé » (art. 50, 51, 52).

Toutes ces dispositions sont expressément maintenues (Décret 1893, art. 12).

La garde des fonds est donc partagée entre le curé, le
trésorier et le président du bureau. Toutes chances de
détournements sont écartées par ce contrôle à triple
contradiction.

Sur cette encaisse il ne sera prélevé que les sommes
nécessaires aux dépenses du trimestre (D. 1809, art. 34).
Le trésorier encaissera sur la délibération du bureau.

Son encaisse particulière se composera donc de ces

versements trimestriels, ainsi que des recouvrements effectués sur revenus réalisables. Nous pensons néanmoins que le trésorier n'en devra pas moins décrire à son compte de caisse la situation de l'ensemble des deniers. Il sera donc subdivisé par deux comptes : une recette au premier et une dépense au second constatera tout mouvement de l'un à l'autre. La situation générale ressortira de la différence totale des colonnes des deux encaisses : le solde de leurs comptes respectifs fournira par contre l'état de chacune d'elles.

III. — *Des dépenses.*

Ainsi que tout comptable public, le trésorier ne devra acquitter les dépenses :

1° Que sur un mandat délivré dans la limite des crédits ;

2° Et sauf justification de la régularité de la créance.

Ces rôles sont d'ailleurs expressément déterminés par l'article 2 du décret du 28 mars 1893. Le président est seul ordonnateur de la fabrique dans la limite des crédits régulièrement ouverts.

Les justifications à exiger, et qui seront produites à l'appui des comptes, sont de deux sortes :

1° Justifications de la réalité du service fait et de sa régulière exécution ;

2° Validité de la quittance.

En ce qui concerne la première catégorie de justifications, le trésorier devra se conformer aux nomenclatures résultant des instructions ministérielles, provisoirement celles applicables aux communes et établissements de bienfaisance. La justification de la réalité du service effectué résultera notamment :

1°.Pour les dépenses du personnel d'états effectifs ou nominatifs, énonçant : l'emploi, la position de présence ou d'absence, le service fait et sa durée, la somme due en vertu des tarifs, règlements et décisions ;

2° Pour les dépenses du matériel : les contrats de vente, bordereaux d'achat, marchés, baux et conventions, décomptes de livraison, de règlement et de liquidation, énonçant le service fait et la somme due à titre de solde ou d'acompte (D. 1862, art. 88). Il convient d'y ajouter pour les achats, les mandats de fournitures, dûment certifiés pour livraison (D. 1809, art. 35). Relativement à la régularité du service seront produits : des délibérations spéciales, décrets d'approbation, autorisation, arrêtés de ratification des adjudications passées... etc. Le tout expressément déterminé aux nomenclatures.

En ce qui concerne la validité de la quittance, l'identité de la partie prenante, la qualité du mandataire, donneront lieu à telles justifications que de droit, le tout au choix et sous la responsabilité du comptable. Les oppositions sur les sommes dues par les fabriques seront pratiquées entre les mains du trésorier, tel qu'il est institué par le décret de 1809, lequel vise l'original de l'exploit et déclare sous sa responsabilité s'il exerce effectivement les fonctions de comptable, ou si elles sont confiées à un autre agent, qu'il est tenu de désigner (D. 1893, art. 23).

Tout l'ensemble des certifications annexées au mandat de paiement a pour but d'établir : qu'il y a eu paiement extinctif d'une dette régulièrement contractée.

L'inscription de toute dépense donne lieu à passation

d'écritures comme pour les recettes : inscription au Journal, et report au Grand-Livre.

Telles sont les obligations du trésorier. Les mêmes règles seront, à peu de chose près, applicables au receveur spécial, ou au percepteur chargé du service.

SECTION II. — Du receveur spécial.

Aux termes de l'article 5 du décret de 1893, les fonctions de comptable peuvent, en cas de refus du trésorier, être exercées par un receveur spécial, nommé par le Conseil de fabrique (art. 7).

Il peut gérer les Caisses de plusieurs fabriques, sans cependant pouvoir représenter des paroisses appartenant à des cantons différents.

Le receveur est soumis, devant le Conseil de fabrique, à la prestation du serment professionnel des comptables, comme le trésorier (art. 16). Mais il est astreint au versement d'un cautionnement en numéraire, égal à trois fois ses émoluments prévus, avec minimum de 100 fr. Il est en effet rémunéré par remises proportionnelles sur les recettes tant ordinaires qu'extraordinaires, d'après un tarif décroissant (art. 14).

Tout ce qui a été dit de l'hypothèque légale s'applique au receveur spécial (art. 17).

Fonctions. — Le receveur recouvrera comme le trésorier les fonds de fabrique, sur lesquels il effectuera les paiements régulièrement mandatés (art. 2, D. 1893). Les dispositions de l'article 3 relatives à la perception des oblations par un prêtre-régisseur, sauf reversements mensuels, sont pleinement applicables.

Vu l'éloignement possible du receveur spécial, pour peu qu'il centralise les opérations de tout un canton, le trésorier pourra pour le compte de ce comptable remplir dans la paroisse certaines fonctions de régisseur (art. 4).

Limitativement déterminées par le décret de 1893, ces opérations ne se rapporteront qu'aux dépenses dites intérieures, relatives aux menus frais de la consommation du culte. Elles pourront être étendues aux traitements et salaires des vicaires, prêtres attachés, officiers et serviteurs de l'église (art. 4). Des avances d'une quotité déterminée seront donc mises à la disposition du Trésorier marguillier, et sur mandats du Président du bureau. Les paiements seront effectués comme par un régisseur ; car le Trésorier devra rapporter dans le mois des acquits des créanciers réels, avec pièces justificatives ; les traitements seront payés sur émargements. Il ressort pleinement de ces dispositions que les règles de la comptabilité des services dits régis par économie sont entièrement applicables.

Quant à la caisse et garde des fonds, il n'y a plus application des dispositions des articles 50 et 51 du décret de 1809, expressément abrogés (D. 1893, art. 11). Tous les fonds et valeurs sont remis au receveur, qui se trouvera dès lors assimilé à tous comptables publics, soumis à l'unité de caisse et de comptabilité. Les opérations seront donc sans distinction portées au livre journal, et dépouillées par paroisses et par comptes sur le Grand-Livre, ce qui nécessitera la tenue des livres auxiliaires prévus par l'article 1576 de l'Instruction générale des finances du 20 juin 1859.

Le décret de 1893 dispose enfin que toutes les fonc-

tions dont ne sont pas exclusivement chargés les receveurs spéciaux, demeurent au Trésorier. Que faut-il
décider des actes conservatoires de l'arrêté du 19 vendémiaire an XII, mis à la charge du *comptable*? (D. 1893,
art. 1er). Une distinction nous paraît nécessaire, suivant
qu'il s'agit des actes conservatoires de droits budgétaires ou non. Les premiers appartiennent exclusivement
au comptable aux termes de l'arrêté du 19 vendémiaire
combiné avec l'article 1er du décret du 28 mars 1893
(D. 1862, art. 518). Mais il est tels actes qu'on ne peut,
aux termes de l'arrêté du 19 vendémiaire an XII, rai-
sonnablement imposer à un comptable, et que le décret
de 1809 confère expressément au contraire au Trésorier
(art. 78) : ce sont tous actes conservatoires plus ou moins
étrangers aux droits budgétaires, et dont l'obligation
s'impose néanmoins au Trésorier, comme ceux relatifs
aux servitudes actives. Resteront au contraire au comptable tous actes conservatoires des droits qu'il est chargé
de recouvrer, inscriptions d'hypothèques, renouvelle-
ments de titres, interruptions de prescriptions *a parte
debitoris*... etc... ».

Le receveur spécial est comme le Trésorier, placé
sous la surveillance du bureau et de l'évêché, qui peuvent en tout état de cause vérifier la situation de caisse
et de portefeuille. Ils sont en outre soumis aux vérifications de l'inspection générale des finances (D. 1893,
art. 5 et 13).

SECTION III. — **Du percepteur.**

A défaut de trésorier ou d'un receveur spécial, les
fonctions comptables sont remplies par le percepteur de
la réunion dans laquelle est située l'église paroissiale,
et dans les villes divisées en plusieurs arrondissements
de perception, par le percepteur désigné par le ministre
des finances. — Autrement, la remise du service est effectuée par le préfet de concert avec le trésorier-payeur-
général.

Le percepteur n'est pas soumis à prestation spéciale
de serment. Un cautionnement sera fourni au cas où la
quotité en dépasserait 1000 francs, d'après le calcul du
triple des remises prévues pour ses honoraires. Autrement, son cautionnement ordinaire répond subsidiairement des faits de charge de sa gestion supplémentaire.

Le percepteur exerce ses fonctions comme le receveur
spécial, et reçoit par l'intermédiaire de l'évêque, du préfet et du receveur des finances en titres divers de recette,
budgets, chapitres additionnels, autorisations spéciales, etc.

Il assiste aux levées des troncs, dont il détient les
clefs, et qui ne pourront être faites que ses jours de tour-
nées s'il réside hors de la paroisse. Il fait également régir par le curé et le trésorier la perception des oblations,
et l'acquittement des menues dépenses du culte.

Il est enfin soumis aux vérifications du receveur des
finances, conformément au droit commun, ainsi qu'à
celles de l'inspection générale.

Telles sont les règles relatives à l'exécution des services budgétaires.

Il ressort de ces dispositions une entière liberté pour les fabriques de choisir à leur gré les modes de gestion de leurs deniers, pour satisfaire aux exigences de la loi nouvelle. Des facilités particulières résultent de l'institution d'un receveur spécial par canton, chargé des opérations de toutes les paroisses de cette circonscription : la création de ce nouvel emploi permet de l'assurer entre des mains compétentes. La remise du service au percepteur permet de pourvoir, au cas contraire, aux exigences difficiles de la comptabilité.

Il nous reste à voir maintenant comment sera contrôlée cette exécution tout entière au point de vue d'une régulière gestion. Des autorités spéciales auront à exercer divers contrôles sur le bien fondé des recettes et la régularité des dépenses. Ce sera l'objet du notre quatrième partie, relative au contrôle du budget.

TITRE IV

Contrôle du budget.

Les principes généraux conduisent à distinguer en trois parties le contrôle des opérations financières :

1° Le contrôle de l'autorité budgétaire ;

2° Le contrôle administratif ;

3° Le contrôle judiciaire.

Ayant donné l'impulsion supérieure aux services, l'autorité budgétaire, dont nous avons étudié le rôle, a le droit de connaître de la fidèle exécution de ses prescriptions. C'est le premier degré du contrôle.

Chargée en second lieu, par l'entremise de divers, de l'exécution du budget, l'administration et spécialement le bureau des marguilliers, doit pouvoir vérifier sur ses ayants cause la bonne et fidèle exécution des actes dont elle répond collectivement. C'est le contrôle administratif.

Il y a, enfin, lieu de prononcer au contentieux sur les diverses responsabilités encourues. C'est le contrôle judiciaire. Il est d'ailleurs de deux sortes, suivant qu'il s'agit de mettre en cause la responsabilité des agents d'administration ou de comptabilité. La gestion des administrateurs ressort de la procédure de droit commun en pareille matière. Par un principe d'ordre public, des tribunaux spéciaux sont au contraire exclusivement chargés des comptes des comptables, par un apurement annuel, normal et régulier, indépendamment de toutes contestations soulevées.

Ce sont ces trois catégories de contrôle, d'ailleurs distinguées par les décrets de 1809 et 1893, qui doivent successivement nous occuper.

CHAPITRE I

Ce contrôle sera donc exercé par le Conseil de fabrique et par l'évêque, auxquels il devra être annuellement rendu compte de la quotité et de la régularité des opérations.

Les comptes sont naturellement rendus par les deux catégories d'agents pour lesquels se sont effectués les services, les administrateurs et les comptables. Ils sont expressément distingués dans le décret de 1893 : « Les comptes des ordonnateurs et des comptables des fabriques sont présentés avec la distinction des gestions et des exercices, dans la même forme que les comptes des établissements de bienfaisance » (art. 24).

La reddition de comptes est donc l'élément du contrôle : les pièces justificatives et le rapprochement de ces deux comptes garantiront leur sincérité.

Non prévu par le décret de 1809, le compte des ordonnateurs sera rendu au Conseil par le Président du bureau des marguilliers. Par analogie de l'article 509 (D. 31 mai 1862), il sera rendu en recette et en dépense. Ce compte est un compte d'exercice, c'est-à-dire des opérations des douze premiers mois et des opérations complémentaires au 15 mars suivant. Il est rédigé d'a-

Q. 14

près les écritures tenues par le président du bureau de
l'état des produits et des ordonnancements ; les restes à
recouvrer y seront indiqués d'après les éléments de comptabilité fournis par le comptable. Au moyen de ces renseignements il devra présenter, par colonne distincte,
et dans l'ordre des chapitres du budget : En recette :

1º La nature des recettes ;

2º Les évaluations primitives ;

3º La situation définitive des droits constatés ;

4º Les recouvrements des douze premiers mois et de
la période complémentaire ;

5º Les restes à recouvrer, à reporter au suivant exercice.

En dépense :

1º Les articles de dépense du budget ;

2º Le montant des crédits ;

3º Le montant des paiements de tout l'exercice ;

4º Les restes à payer à reporter au budget de l'exercice suivant ;

5º Les crédits à annuler, faute d'emploi.

Le tout appuyé de justifications.

Le Conseil de fabrique délivrera et arrêtera le compte,
sous réserve des articles contestés. L'évêque aura le droit
d'intervenir par l'intermédiaire du grand vicaire.

Comptes du trésorier. — « Le trésorier sera tenu de
présenter son compte annuel au bureau des marguilliers... Le compte accompagné de pièces justificatives
leur sera communiqué, sur le récépissé de l'un d'eux.
Ils feront au Conseil, dans la séance de Quasimodo, le
rapport du compte, qui sera examiné, clos et arrêté
dans cette séance... sous la réserve des articles contes-

tés ». Le même droit d'intervention appartient à l'évêque (D. 1809, 85, 86 et 87. Décret 1893, art. 24 et 25).

Appuyé des justifications de droit, et spécialement
des bordereaux trimestriels de l'article 34 du décret de
1809, ce compte est un compte de gestion, a la différence de celui de l'ordonnateur. Il partira de la situation
de caisse au 1ᵉʳ janvier pour aboutir au procès-verbal
de caisse et portefeuille au 31 décembre (D. 1893,
art. 13).

Il se compose en 3 parties :

1° La première présentera à titre de rappel les opérations des trois premiers mois de l'année sur l'exercice précédent « elle comprend la première partie de la
première gestion » (Instruction générale des finances,
art. 1534) ;

2° La deuxième est relative à l'exercice dont il est
rendu compte. Les opérations des douze premiers mois
sont indiquées séparément. Une seconde subdivision,
offrant à titre de renseignement les opérations de la période complémentaire, permet un rapprochement avec
le compte d'exercice du maire. Ces opérations que l'on
peut qualifier d'opérations hors gestion sont une anticipation sur la gestion prochaine, où elles seront mentionnées par rappel, et appuyées de la situation de caisse ;

3° La troisième partie est afférente aux opérations
hors budget.

Ce compte présente d'ailleurs, ainsi que celui du
maire, la division par colonnes, relative aux évaluations, droits constatés, recouvrements ou paiements
effectués, et restes à payer ou à recouvrer.

En possession de ces éléments, le Conseil pourra prononcer en toute connaissance de cause sur le compte de

l'ordonnateur et celui du comptable, dont la conformité par rapprochement garantira la parfaite sincérité.

L'approbation antérieure au vote du budget devra contenir l'expresse déclaration qu'il n'existe à la connaissance du Conseil aucune autre recette que celles mentionnées au compte (D. 1893, art. 25).

CHAPITRE II

Si le contrôle de l'autorité budgétaire est postérieur aux gestions, le contrôle administratif leur est au contraire contemporain, et s'exerce par l'administration sur les actes de ses représentants.

La simplicité des services des paroisses ne nécessite aucune complication de ce contrôle qui s'exerce, sur l'ordonnateur, par la surveillance du bureau des marguilliers. Le contrôle des comptables est différemment organisé suivant qu'il s'agit du trésorier, du receveur spécial ou du percepteur.

La vérification des actes du trésorier s'exerce spécialement au moyen des bordereaux trimestriels qu'il est tenu de présenter au bureau. Ils sont d'ailleurs signés et affirmés véritables. — Le bureau des marguilliers peut en outre, à toute époque, « vérifier la situation de caisse et de portefeuille du trésorier et du receveur spécial, sans préjudice du droit de l'évêque au regard seulement du marguillier trésorier » (D. 1893, art. 13).

Les comptables sont d'ailleurs, toujours soumis aux vérifications de l'inspection des finances.

Les vérifications sont donc les mêmes pour le trésorier ou le receveur spécial, sauf le droit de l'évêque qui n'existe pas à l'égard de ce dernier. Il se trouve dès lors soumis à moins de contrôle par le trésorier-marguillier.

Les éléments du contrôle résulteront surabondamment des livres et écritures passées, journal à souche, journal général, concordance des totaux et de ceux du Grand-Livre.

Quant au percepteur, conformément au droit commun, les vérifications de sa gestion se trouvent placées sous la surveillance et la responsabilité du receveur des finances.

CHAPITRE III

DU CONTROLE JUDICIAIRE.

« Les comptes des comptables des fabriques sont jugés et apurés par le Conseil de préfecture ou par la Cour des comptes, suivant les distinctions applicables aux comptes des établissements de bienfaisance ».

Il résulte de cette disposition, que seront déférés à la Cour tous comptes de paroisses ayant présenté pendant trois années de suite, plus de 30.000 francs de revenus ordinaires. Mais les comptes des fabriques des églises métropolitaines ou cathédrales seront toujours déférés à la Cour, quelque soit le montant des revenus (D. 1893, art. 27).

Bien que la forme de ces comptes ne soit pas encore déterminée, il y a lieu de recourir aux règles générales pour leur mode de présentation.

Ces comptes de gestion, appuyés de la situation initiale et de sortie de caisse et de portefeuille (D. 1893, art. 13), devront présenter les mêmes divisions que ci-dessus, par exercice et chapitres budgétaires.

Ils seront, sous peines de droit, affirmés sincères et véritables, datés et signés du comptable. Ils sont paraphés sur chaque feuillet. Après la présentation du compte, nul changement ne peut être apporté.

Il ne peut être présenté aucun compte à l'autorité chargée de le juger s'il n'est en état d'examen, et appuyé des pièces justificatives.

Pour qu'un compte soit en état d'examen, il faut, après avoir été revêtu des formalités qui viennent d'être prescrites, qu'il soit accompagné : d'une expédition du budget primitif et supplémentaire et d'un tableau des autorisations spéciales, ainsi que des décisions appro-batives ; de la délibération du Conseil de fabrique sur le compte présenté, de l'avis du Conseil municipal (l. 1884, art. 70) ; d'une copie certifiée du compte d'administration délivrée par le président du bureau ; de l'état de l'actif et du passif ; du procès-verbal de situation de caisse au 31 décembre ; d'un état annexe des services hors budget ; de la déclaration relative à la réalisation du cautionnement, s'il y a lieu ; enfin d'un inventaire de ces pièces (Instruction générale des finances, art. 1551).

Ces pièces, dites générales, sont rapportées sans préjudice des justifications spéciales à chaque article de recette ou de dépense.

Les comptes doivent être présentés avant le 1er septembre de l'annnée qui suit celle pour laquelle ils ont été rendus. Tout retard de présentation expose à une amende de 10 à 500 francs par mois.

Les arrêts rendus sur les comptes sont provisoires, ou définitifs.

A toute injonction prononcée par arrêt provisoire il doit être satisfait dans un délai de deux mois. Après quoi il peut être statué à titre définitif.

Les arrêtés des Conseils de préfecture sont susceptibles d'appel devant la Cour des comptes. Les arrêts de la Cour ne sont susceptibles que de recours pour violation des formes ou de la loi par devant le Conseil d'État.

Des fabriques cathédrales et métropolitaines. — Des paroisses de Paris. — Considérations générales. — Conclusion.

L'étude du contrôle budgétaire nous a menés au terme de la comptabilité des fabriques. L'évolution financière annuelle est terminée : un nouvel exercice s'ouvrira pour se développer suivant des phases identiques et des règles semblables.

Si la comptabilité telle que nous l'avons expliquée ci-dessus est applicable à toutes les fabriques de France, il y a lieu de distinguer cependant les fabriques métropolitaines et cathédrales, et celles de la ville de Paris, soumises à quelques particularités.

Les fabriques métropolitaines et cathédrales ne sont pas soumises à la communication de leurs budgets au Conseil municipal, puisqu'aux termes des lois de 1837 et 1884, ladite communication n'est exigée que pour les fabriques paroissiales. On ne pourrait non plus exiger cette communication vis-à-vis des Conseils généraux, qui ne leur accordent aucuns subsides.

Leurs comptes sont en second lieu toujours jugés par la Cour des comptes, quel que soit le chiffre des revenus. Cette disposition s'explique facilement par l'importance de ces opérations. Outre la possibilité des conflits qui se pourraient élever entre l'administration diocésaine et départementale, on a très justement fait remarquer que les principes de comptabilité déférant au Conseil de préfecture les comptes d'établissements publics, ne se sauraient appliquer en ce qui concerne les cathédrales. Ces Conseils ne connaissent en somme que des comptabilités secondaires : communes et établissements publics. Les cathédrales n'ont point le caractère communal. Elles offrent plutôt le caractère d'établissements départementaux. Ce sont les règles de la comptabilité départementale qui devaient leur être appliquées.

Ce caractère doit même être soigneusement distingué lorsqu'elles remplissent simultanément le rôle d'églises paroissiales. Il y a lieu dès lors de distinguer ces deux comptabilités, absolument incompatibles. Leurs recettes et leurs dépenses sont entièrement distinctes. Car si la commune doit contribuer à certains déficits du budget paroissial, il n'en est pas de même en ce qui concerne le service de la cathédrale, qui doit maintenant se suffire à lui-même. La juridiction des comptes ne leur est même pas commune. Il y a lieu dès lors à deux comptes séparés : deux budgets distincts en formeront donc la condition première. C'est là un point sur lequel n'ont jamais cessé d'insister les circulaires ministérielles (1).

Quant à ce qui concerne les paroisses de la ville de Paris, nous avons noté en passant les particularités auxquelles elles sont soumises. Le régime de la loi du 5 avril ne leur est pas applicable ; il y a lieu de se référer pour elles à la législation antérieure (2), c'est-à-dire au décret de 1809, modifié par la loi municipale de 1837. Il s'en suit que rien de ce qui concerne les restrictions apportées au concours de la commune, ne s'applique aux paroisses de Paris. Elles peuvent en conséquence recourir à la ville en cas d'insuffisance de

(1) Circ. du ministre des cultes, 22 août 1822 et 8 avril 1881.
(2) L. 5 avril 1884, art. 168, 28°.

revenus, conformément au décret de 1809. L'union du municipe et de la paroisse est donc plus prononcée à Paris qu'en province. Cependant la paroisse n'est pas soumise ici aux mêmes communications de comptes et budgets.

Aux termes du décret de 1809 (1), le dépôt des comptes annuels est seul obligatoire. Il n'y a lieu à communication de budgets qu'au cas de subsides demandés (2). Mais alors seront également communiquées toutes pièces justificatives.

Nous avons à dessein laissé de côté ce qui concerne les syndicats pour l'exploitation du monopole des pompes funèbres (3). Il y a là non seulement une personnalité morale, mais une individualité financière absolument distincte des fabriques. D'autant plus que ces syndicats peuvent englober également le monopole des consistoires protestants et israélites. Ils sont d'ailleurs régis par les règles de comptabilité sus-énoncées (4), ayant leurs budgets, leurs comptes et leurs juridictions suivant les distinctions ci-dessus. Leur soumission aux règles de la comptabilité s'explique en raison de la nature des deniers qu'ils manient, qui sont essentiellement publics. C'est sur un principe analogue que s'est fondée tout entière la théorie des comptabilités occultes.

Mentionnons enfin que si les règles de la comptabilité ont été appliquées à toutes les paroisses de France, avec les particularités que nous venons d'indiquer, une réserve est expressément posée en ce qui concerne l'Algé-

---

(1) Art. 89.
(2) Art. 92 et ss.
(3) D., 18 mai 1806, art. 8.
(4) D., 27 mars 1893, art. 28.

rie et les colonies. Un décret règlera ce qui concerne l'Algérie, si profondément unifiée par rapport à la métropole (1). Quant aux colonies, soumises au régime des décrets, de simples actes du pouvoir exécutif pourront toujours réglementer ce qui concernera la comptabilité de leurs paroisses.

Au point de vue spéculatif, le décret du 27 mars 1893 est venu combler une lacune financière, et perfectionner l'œuvre du législateur de 1809. L'ancienne réglementation des fabriques péchait dans sa partie comptable. Le caractère public des établissements du culte, la symétrie, l'uniformité, l'homogénéité de la comptabilité des établissements publics, le caractère *public* des deniers des paroisses, — tout cet ensemble appelait en principe l'unification d'un type comptable pour les fabriques et consistoires. Seules des considérations pratiques avaient entravé la réalisation de cette réforme, déjà entrevue par Mgr de Frayssinous en 1827, et tentée en 1879, mais sans plus de succès. La loi de finances du 26 janvier 1892 a réalisé ces tentatives antérieures.

Les règles appliquées ont été celles de la comptabilité publique, d'un type uniforme, et d'une logique supérieure. Résultat d'un siècle entier de réformes financières, et d'une savante déduction, elles s'appuient sur une analyse intime et méthodique des responsabilités que peut mettre en jeu l'exécution de services en deniers sous un régime de séparation de pouvoirs. La comptabilité en est venue à procéder par théorèmes. Les règles fondamentales de l'unité, de la sincérité, de l'universa-

lité budgétaires ; — de la séparation des fonctions
comptables et administratives, de la comptabilité contradictoire, du contrôle par conformité entre les comptes.
des comptables et ceux des ordonnateurs, — le principe
supérieur et d'ordre public de l'institution d'un tribunal
des comptes, jugeant indépendamment de toutes contestations toutes gestions de deniers, pour contrôler indirectement toutes gestions administratives, — enfin la
théorie des trois contrôles administratif, judiciaire et
de l'autorité budgétaire — tout l'ensemble en un mot
régissant la prodigieuse exécution des services du Trésor, — voilà ce qui se trouve appliqué aux établissements publics de toute nature. C'est de ce type uniforme
qu'est procédée la réglementation tout entière de la
comptabilité des paroisses. Le décret du 27 mars 1893
en a fait une application large et éclairée, compatible
avec les exigences particulières des situations. Un seul
point nous a paru appeler une critique : c'est ce qui
concerne la nouvelle distinction de l'ordinaire et de
l'extraordinaire, en raison du fonctionnement particulier du pouvoir exécutif budgétaire des paroisses, qui
nécessite la persistance de l'ancienne division. Quoiqu'il
en soit, il n'en demeure pas moins constant que toute
confusion pourrait être évitée par l'adoption d'une terminologie appropriée. Il y aurait lieu de distinguer des
dépenses normales les dépenses ordinaires : ce qui amè-
nerait une distinction corrélative des dépenses extraordinaires d'avec les dépenses accidentelles.

POSITIONS

I

Positions tirées des sujets de Thèse

DROIT ROMAIN

I. — La répartition différente des responsabilités administratives dans les cités, explique l'interversion des règles de l'exécution et du contrôle du budget, par rapport aux comptabilités modernes.

II. — La séparation des fonctions administratives et comptables a toujours existé dans le budget des cités.

III. — Les Romains ont connu la comptabilité contradictoire.

IV. — Mais cette comptabilité est restée limitée aux opérations des comptables, sans s'étendre à celles des ordonnateurs.

V. — Si le contrôle judiciaire est le point faible des finances anciennes, étant resté limité aux gestions contestées, il faut tenir compte de la différence des législations.

DROIT FRANÇAIS

I. — Il y a lieu de maintenir l'ancienne division de l'ordinaire et de l'extraordinaire, à côté de celle créée par le décret du 27 mars 1893.

II. — Les Trésoriers de fabriques ont toujours été soumis à l'hypothèque légale.

III. — L'exécution de toutes dépenses exceptionnelles au dessus d'un chiffre donné, nécessite l'intervention du Conseil de fabrique, indépendamment de toutes ouverture de crédits.

IV. — Le bureau ne peut faire aucunes dépenses en dehors des autorisations budgétaires.

V. — Les Trésoriers de fabrique doivent être soumis à la tenue d'un livre de quittances à souche, d'un Journal général, et d'un Grand-Livre.

II

Positions hors Thèse

DROIT ROMAIN

I. — Les servitudes urbaines sont celles qui impliquent l'idée de construction, les servitudes rurales, celles qui l'excluent.

II. — Le seul consentement ne suffisait pas à Rome pour qu'il y eût mariage.

III. — L'obligation du fidéjusseur qui excède l'obligation principale est nulle pour le tout.

IV. — En cas de fidéjussion le créancier n'était pas tenu de conserver les sûretés attachées à la créance pour les transmettre au fidéjusseur.

DROIT CIVIL

V. — La réserve du droit de chasse sur un fonds aliéné stipulée par le vendeur au profit des propriétaires successifs de ce fonds constitue une servitude personnelle prohibée par l'article 686.

VI. — La part de l'enfant naturel en concours successoral avec des enfants légitimes est égale à une fraction dont le numérateur est l'unité, et le dénominateur la triple somme du nombre des enfants naturels et des enfants légitimes.

Mais le rapport d'une part d'enfant naturel à une part d'enfant légitime n'est pas un nombre constant.

VII — La femme commune est simple créancière de ses reprises.

VIII. — Les cautionnements de fonctionnaires sont essentiellements distincts de la constitution de gage en droit civil.

DROIT ADMINISTRATIF

IX. — Les comptabilités occultes doivent se limiter aux seuls manutenteurs de deniers publics.

X. — La recette des deniers est la limite de la comptabilité occulte.

XI. — En cas de gestions de fait, le juge des comptes ne peut étendre les dispenses prévues par l'article 25 du décret du 31 mai 1862.

XII. — Il est impossible d'organiser d'une façon absolue le contrôle préventif des ordonnateurs.

FINANCES

XIII. — On peut soutenir que le poids de l'impôt foncier retombe sur le propriétaire primitif, les acquisitions ultérieures ayant été réalisées déduction faite de sa valeur.

XIV. — Les conversions de fonds d'Etat sont légitimes et nécessaires.

XV. — Il n'est qu'un procédé pratique de diminution des dettes publiques : la clause de remboursement par annuités.

XVI. — L'impôt est une cotisation, prélevée sur le revenu net d'un pays.

Vu :

Par le Doyen,
COLMET DE SANTERRE.

Vu :

Le Président de la thèse,
CHAVEGRIN.

Vu et permis d'imprimer :

Le Vice-Recteur de l'Académie de Paris

GRÉARD.

TABLE DES MATIÈRES

DROIT ROMAIN

LE DROIT BUDGÉTAIRE DES CITÉS SOUS L'EMPIRE ROMAIN.

DROIT CIVIL.

DE LA COMPTABILITÉ DES FABRIQUES.

Imp. G. Saint-Aubin et Thevenot, St-Dizier (Hte-Marne), 30, passage Verdeau, Paris.

www.ingramcontent.com/pod-product-compliance
Lightning Source LLC
Chambersburg PA
CBHW071642200326

41519CB00012BA/2371